Aktiv im Team

Liebevoll umsorgt

Inhalt

SPEZIAL

Lesen Sie, wie das Rennmausheim aussehen sollte, Sie Freundschaft schließen und die Fütterung ein großer Spaß wird.

SPEZIAL

Erfahren Sie, wie Sie sich am besten um Ihre Nager kümmern, was bei einer Krankheit und bei Nachwuchs zu tun ist.

Quirlige Herzensbrecher

Sie können mit ihnen nicht Gassi gehen, herumtollen und schmusen – trotzdem begeistern Sie sich für Rennmäuse. Die kleinen Nager haben die Herzen vieler Tierfreunde im Sturm erobert.

Worin liegt das Erfolgsgeheimnis dieser Tierchen? Ist es das putzige Äußere, sind es die vielen Farbvarianten oder ist es das aufgeweckte Wesen? Alle diese Argumente treffen auch auf andere Nager zu. Vielleicht liegt es daran, dass Sie sich mit den Tieren auf kleinstem Raum ein Stück Natur ins Haus holen können. Viele Halter versuchen, ihren Nagern einen möglichst naturgetreuen Lebensraum zu bieten. Unter diesen Bedingungen können Sie Forscher und Entdecker werden und ihr komplexes Verhalten beobachten. Das sind Momente, die Sie den Stress des Alltags vergessen lassen.

Berufstätige müssen kein schlechtes Gewissen haben, die Tiere brauchen nicht die Ansprache des Menschen, „nur“ seine liebevolle Pflege.

Rennmäuse sind sehr zutraulich. Bei behutsamem Umgang werden Ihre Untermieter Ihnen schon nach wenigen Tagen auf die Hand hüpfen und so ihr Vertrauen schenken.

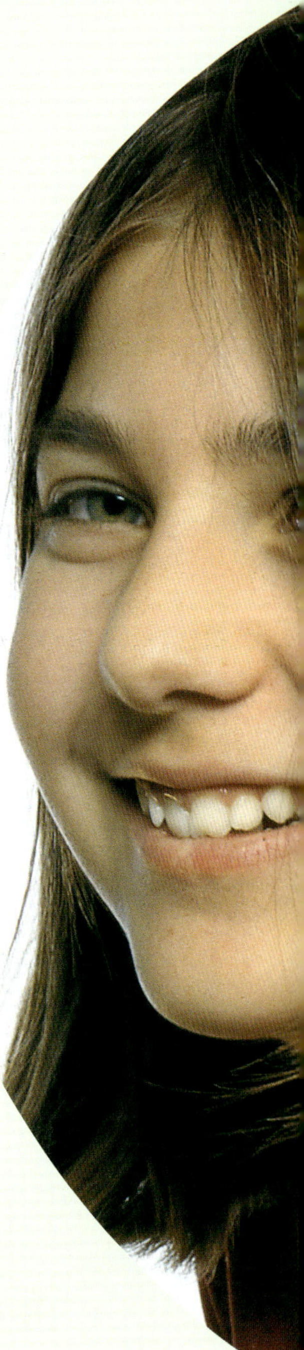

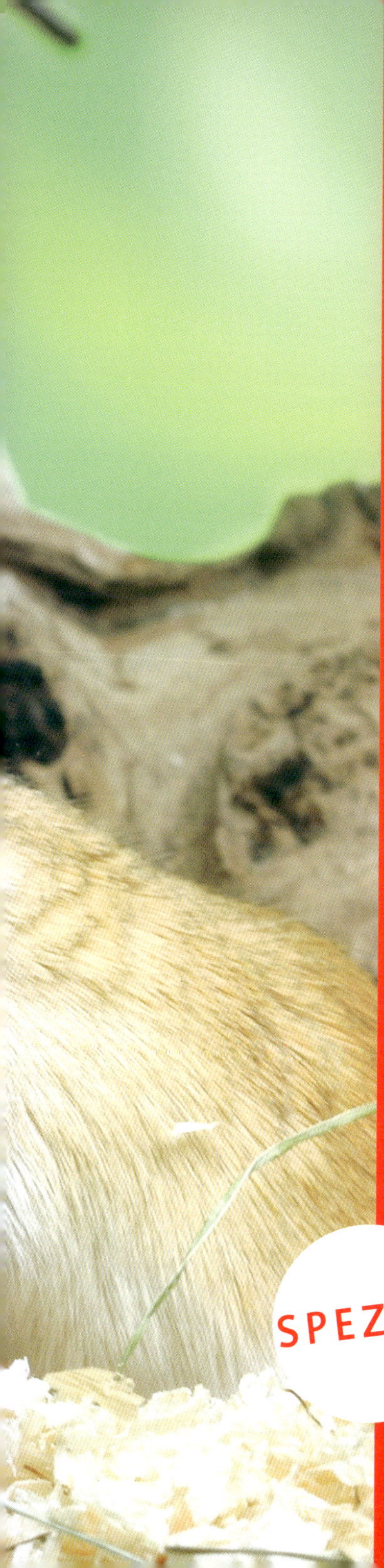

Gestatten Rennmaus

Herkunft

Niedlich, putzig, süß – das werden bestimmt die ersten Worte sein, die Ihnen beim Anblick einer Rennmaus einfallen. Die kleinen Nager bestechen durch ihre Knopfaugen, die vorwitzige Nase und ihre vertrauensvolle Neugier. Charmant und fröhlich bezirzen sie den Beobachter und beziehen schon bald eine Unterkunft im Wohnzimmer.

Doch bevor Sie Ihre Wohnung mit den liebenswerten Rennmäusen teilen, sollten Sie sich über deren Ansprüche und Lebensgewohnheiten informieren, um den quirligen Nagern ein möglichst artgerechtes Leben bieten zu können. Am besten geht das, wenn Sie sich den Alltag der wilden Artgenossen genauer betrachten.

Wissenswertes über Rennmäuse

„Name ist Programm", das trifft wohl auf kaum ein anderes Tier besser zu als auf *Meriones unguiculatus*. So lautet die zoologische Bezeichnung der Rennmäuse, was übersetzt in etwa „Krieger mit Krallen" bedeutet. Denn die friedlich in Familienverbänden lebenden Nager können unerbittlich kämpfen, wenn sie ihr Revier verteidigen müssen. Ein Umstand, dem auch bei der Haltung als Heimtier Rechnung getragen werden muss (Seite 32).

▸ **Halbwüsten** und Steppen Zentralasiens sind die Heimat der Mongolischen Wüstenrennmäuse. Sie leben dort in Gruppen mit einen komplexen Sozialgefüge und einer strengen Rangfolge. Die Familie wohnt in verzweigten Tunnelsystemen mit mehreren Kammern, die tiefer als 150 cm unter der Erde liegen und eine Ausdehnung von über fünf Metern erreichen können. Neben dem Hauptbau gibt es oft noch mehrere Bauten in der Umgebung. In ihrer unterirdischen Unterkunft bunkern die Tiere Futter und finden Schutz vor Witterungseinflüssen und ihren zahlreichen Feinden.

Rennmäuse leben im natürlichen Verbreitungsgebiet in Gruppen.

Geschichtliches

Von der „Wissenschaft" entdeckt wurden die Tiere 1866 von dem französischen Pater Abbé Armand David, der die „gelben Ratten" an das Pariser Naturkundemuseum schickte. Alle Rennmäuse, die als Heimtiere gehalten werden, stammen vermutlich von einer aus 20 Paaren bestehenden Sippe ab, die 1935 in der Mongolei gefangen wurde. Bevor in den 70er-Jahren des vorigen Jahrhunderts ihr Siegeszug als Heimtier begann, wurden sie als Labortiere gehalten – eine leidvolle Karriere, die sie mit vielen Nagetieren teilen. 1995 wurden weitere Rennmäuse gefangen und für die Zucht eingesetzt.

In ihrer Heimat sind Rennmäuse immer auf der Hut vor Feinden.

SMART

Diskussionsstoff

- **Die zoologische** Einteilung der Mongolischen Wüstenrennmaus und anderer Nager sorgt unter Fachleuten auch heute noch für Diskussionen.
- **Die meisten Wissenschaftler** sind sich aber einig, dass unsere Rennmaus zu den Wühlern und nicht zu den echten Mäusen gehört.

Zoologisches

Die Mongolische Wüstenrennmaus gehört zur Säugetierordnung der Nagetiere (Rodentia), zur Unterordnung der Mäuseverwandten (Myomorpha), der Überfamilie der Mäuseartigen (Muroidea) und zur Familie der Wühler (Cricetidae). Obwohl unsere Rennmäuse zu den Mäuseartigen zählen, sind sie mit Hamstern näher verwandt als mit den Farbmäusen, beide gehören zur Familie der Wühler. Irreführend ist der Name „Gerbil" für die Mongolische Rennmaus, da als Gerbillinae die gesamte Unterfamilie der Rennmäuse und als *Gerbillus* die Gattung der Eigentlichen Rennmaus bezeichnet wird. Der kleine „Mongole" gehört jedoch zur Gattung der Sandmäuse (Meriones) mit ihren 14 Arten.

Faszinierende Fähigkeiten

Wild lebende Rennmäuse sind vielen Gefahren durch Fressfeinde ausgesetzt und haben sich diesem Umstand hervorragend angepasst. Auch für das Leben in der Gruppe sind gut ausgeprägte Sinne genauso wichtig wie für das Suchen und Finden von Nahrung.

Rennmäuse sind in der Lage, ultraviolettes Licht zu sehen.

Sehvermögen

Die seitlich angebrachten Augen ermöglichen der Rennmaus, wie allen Fluchttieren, einen Blickwinkel von nahezu 360 Grad, aber kaum dreidimensionales Sehen. So kann sie einschätzen, was hinter ihr los ist und schnell reagieren, wenn sich ein Feind nähert. Weit entfernte und schnelle Bewegungen werden eher wahrgenommen als nahe. Dies lässt ihr ebenfalls genügend Zeit zur Flucht. Aus diesem Grund reagieren die Nager sehr empfindlich auf schnelle Bewegungen. Alles, was sich von oben nähert, wird als Bedrohung angesehen, denn es könnte sich ja um einen Greifvogel handeln, der sich nach einer Mahlzeit umschaut. Im Dunkeln können die Tiere Restlicht gut ausnutzen, da sich in ihren Augen viele Sehzellen (Stäbchen) befinden, die für das Hell-Dunkel-Sehen verantwortlich sind. Im Gegenzug sind sie aber nur spärlich mit Zapfen ausgestattet, jenen Sehzellen, die für das Erkennen von Farben verantwortlich sind.

Geruchssinn

Der Geruch ist bei den Rennmäusen am besten ausgeprägt und spielt ebenfalls im Sozialverhalten eine große Rolle, wichtig sind dabei auch die Pheromone. So erkennen sich die Mitglieder einer Familie am Duft und Eindringlinge werden erbarmungslos verjagt. Mit Urin und der Duftdrüse am Bauch (Ventraldrüse, Tipp rechts) wird das Revier markiert. Auch bei der Nahrungssuche hilft der gute Geruchssinn, die Leckerbissen zu finden. Denn der Geschmackssinn wird überwiegend durch den Geruchssinn beeinflusst. Weil Rennmäuse sehr empfindlich auf fremde Gerüche reagieren, sollten Sie sich die Hände mit einem milden Reinigungsmittel oder Wasser pur waschen, bevor Sie die Tiere anfassen.

Gehör

Rennmäuse können Töne bis in den Ultraschallfrequenzbereich und etwa 60 000 Hz hören. Auch bei niederen Frequenzen lässt ihr fein ausgebildetes Ohr sie nicht

Die Vibrissen der Rennmäuse sind wichtig für die Orientierung.

im Stich, sie können auch tiefe Töne, die im Bereich unter einem Hertz liegen, noch wahrnehmen. So hören sie das Warntrommeln ihrer Artgenossen, mit deren Hinterbeinen auch noch aus weiter Entfernung. Wegen ihres guten Gehörs und Fluchtinstinktes bedeutet eine laute Umgebung Stress für die kleinen Nager.

SMART

Duftende Botschaften

- **Die Duftdrüse** am Bauch ist sowohl bei männlichen als auch weiblichen Rennmäusen vorhanden.
- **Ab der Geschlechtsreife** wird diese Drüse bei Männchen größer als bei Weibchen. Wie stark ausgebildet diese Ventraldrüse ist, hängt vor allem mit der hierarchischen Stellung des Tieres zusammen.
- **Je dominanter** eine Rennmaus ist, desto mehr markiert sie auch.
- **Eine Geruchsbelästigung** für den Menschen geht von dieser Duftdrüse nicht aus.

Tastsinn

In der Dunkelheit der unterirdischen Bauten können sich die Rennmäuse mit ihren langen Tasthaaren (Vibrissen) im Gesicht, an den Beinen und am Körper hervorragend orientieren. Die Haarwurzeln sind mit zahlreichen, besonders empfindlichen Nerven bestückt. Zudem können die Nager auch mit den Pfoten den Untergrund einschätzen und Druck zuordnen, was sicher beim eifrigen Graben und Wühlen nützlich ist.

Rennmaus-like

Die freundlichen Rennmäuse bieten Ihnen wie kaum ein anderes Tier die Möglichkeit, an ihrem Verhalten und Leben teilzuhaben.

So sind Rennmäuse

Langweilig wird Ihnen dabei nie, dafür sorgen die quicklebendigen Bewohner. Ihre Neugier lässt sie alles erforschen, ihr Baudrang macht sie zu eifrigen Innenarchitekten, die ständig die Einrichtung neu arrangieren, ihr Fluchtverhalten lässt sie in Windeseile das Versteck aufsuchen, wenn Gefahr im Verzug ist. Auch das Sozialverhalten der Tiere ist sehr interessant. Bald werden Sie herausgefunden haben, wie sich die Rangordnung regelt und welche Eigenheiten jeder Nager hat. Schon bei einer Gruppe von zwei Tieren können Sie Verhaltensforscher werden. Sie werden entdecken, dass es Draufgänger, Raufbolde und Machos genauso gibt wie Angsthasen, kleine Mimosen und die Übervorsichtigen. Es dauert nicht lange und Sie werden wissen, welche Rennmaus sich zuerst an die neuen Leckerchen traut, welche bei Gefahr am schnellsten im Nest verschwunden ist und welche sich besonders gerne auf Ihrer Hand niederlässt.

▸ **Wüstenrennmäuse** sind am Tag als auch in der Nacht aktiv. Im schnellen Rhythmus von zwei bis fünf Stunden wechseln sich

Körpersprache

Trommeln mit den Hinterpfoten gehört zum Paarungsritual, es bedeutet aber auch „Alarmstufe Rot". Mit diesem Signal warnen die Tiere Artgenossen vor Gefahr und weisen diese an, im Bau zu verschwinden und zu warten, bis die Luft wieder „rein" ist. Um Missverständnissen vorzubeugen, bitte nicht mit den Fingern an die Scheibe klopfen!

Steht eine Rennmaus auf den Hinterbeinen und ist aufmerksam, „sichert" sie, das heißt, etwas hat ihr Interesse geweckt und muss zugeordnet werden.

Dominanz gegen unterlegene Gruppenmitglieder wird ausgeübt, indem das überlegene Tier sich „herausnimmt", wichtige Ressourcen zuerst in Anspruch zu nehmen, sei es das Wasser, das Futter oder das Sandbad (Seite 27). Der Unterlegene wird auch körperlich dominiert, z. B. in Raufereien, oder indem der Stärkere ihn herunterdrückt.

Harmlose Raufereien sind auch unter dicken Freunden ganz normal. Zu ernsthaften Auseinandersetzungen kommt es bei Neuzugängen oder oft bei größeren Gruppen.

Aktivitäts- und Ruhephasen ab. Am muntersten sind die Tiere morgens und abends.

Rennmaus-„Hobbys“

Obwohl jede Rennmaus eine eigene Persönlichkeit besitzt, gibt es typische Verhaltensweisen.

- **Fressen** ist eine der putzigsten Beschäftigungen für den Beobachter. Auf den Hinterbeinen stehend und durch den langen Schwanz gestützt, hält die Rennmaus ihre Nahrung mit den Vorderpfoten fest. Eifrig wird an dem Snack geknabbert, immer auf der Hut, dass niemand das gute Stück stibitzt. Will sich doch ein Artgenosse über den Leckerbissen hermachen, flitzt die Rennmaus in ein Versteck, um in Ruhe die Mahlzeit zu beenden. Was übrig bleibt, wird für „Notzeiten“ gebunkert (Seite 46).
- **Graben** dient dem Bau von unterirdischen Gängen und der Nahrungssuche. Durch das Scharren im Erdreich werden auch die Krallen kurz gehalten.
- **Kontakt** wird mit der Nase aufgenommen. Nur wer wie ein Familienmitglied riecht, wird herzlich begrüßt. Fremde Artgenossen werden hingegen erbittert vertrieben (Seite 32). Gegenseitige Fellpflege und gemeinsames Kuscheln sind im Leben der Rennmäuse ganz wichtig.
- **Nagen** ist nach dem Graben die wichtigste Beschäftigung. Mit ihren nachwachsenden Zähnen werden Nahrung und Nestbaumaterial klein gemacht (Seite 26). Nagemöglichkeiten müssen stets zur Verfügung stehen.
- **Kontrollgänge** müssen sein. Schließlich will das kämpferische Nagetier täglich sicherstellen, dass sich keine Eindringlinge in seinem Revier befinden. Auch bei den als Heimtier gehaltenen Rennmäusen bleibt dieses Verhalten bestehen.
- **Nestbau** wird meistens in Teamarbeit erledigt. Auch wenn Sie ein fertiges Haus anbieten, wird dieses nach den Wünschen der Bewohner gestaltet. Besonders nach der Reinigung des Geheges gibt es arbeitsames Treiben.
- **Putzen** ist mehrmals am Tag angesagt – Rennmäuse sind reinliche Tiere. Gerade nach dem Futtern achten sie auf Sauberkeit. Das Reiben der Schnauze in der Einstreu entfernt grobe Verschmutzungen. Danach wird mit den Pfötchen die Feinarbeit geleistet und der ganze Körper gereinigt, was nett aussieht. Was die „Hände“ nicht erreichen, erledigen Zähne oder Hinterpfoten. ●

Kleine Raufereien kommen auch unter guten Freunden vor.

Anatomie & Farbpalette

Mongolische Rennmäuse besitzen eine bestens ihrer natürlichen Umgebung angepasste Anatomie. Diese ist inzwischen in vielen hübschen Farbschlägen „verpackt".

Körperbau

Wie es für Nager typisch ist, besitzen auch unsere Rennmäuse ständig nachwachsende Nagezähne, die permanent Arbeit brauchen, damit sie nicht zu lang werden (Seite 34). Die kräftigen und langen Hinterbeine sind bestens zum Springen geeignet und die Vorderpfoten mit ihren „Fingern" prima Grabwerkzeuge. Anders als z. B. bei Ratten, ist neben den Beinen und Füßen auch der lange Schwanz behaart. Dies hilft den Rennmäusen, in dem teilweise extremen Klima ihrer Heimat ihre Körpertemperatur zu regulieren. Der lange Schwanz ist nicht nur zum Balancieren geeignet, sondern kann den Tieren auch das Leben retten: Packt ein Feind den Nager am Schwanz, reißt die Haut ab und das Tier kann sich oft noch befreien (Seite 31).

Viele Farbschläge

Aus den wildfarbenen Rennmäusen sind durch Zucht zahlreiche Farbschläge entstanden. Weitere werden sicher dazukommen, denn die Züchter sind ständig bemüht, neue Tiere zu „kreieren". Auf die Feinheiten der Vererbungslehre wird hier verzichtet, denn das würde den Rahmen dieses Ratgebers sprengen und ist nur für Züchter interessant. Machen Sie sich lieber selbst ein Bild von der Farbpalette. Neben den vielen Farbspielarten gibt es auch unterschiedliche Zeichnungen, wie die Schecken, und Tiere mit roten Augen. Große Unterschiede in Sachen Gesundheit bei den verschiedenen Farbschlägen sind noch nicht bekannt, viel riskanter ist der Kauf von Tieren aus Inzuchtlinien.

Wildfarben

Die Ursprungsfarbe unserer Mongolischen Wüstenrennmäuse wird auch als agutifarben bezeichnet.

▸ Verstecken: Die Körperoberseite der Tiere variiert von hell- bis dunkel- oder rotbraun, die Körperunterseite ist hell. Das bietet den Tieren eine gute Tarnung in ihrer Umgebung.

▸ Raffiniert: Die Haare der Körperoberseite bestehen aus jeweils drei Farbbändern. Das obere Farbband ist dunkel, das mittlere Band meist hellbraun und das untere grau.

▸ Schattierung: Die dunklen Bänder, die diesen Effekt verstärken, nennt man Ticking. Sehr gut kann man dies sehen, wenn man im Fell mit dem Finger gegen des Strich fährt.

Silberaguti

Neben der natürlichen Agutifarbe gibt es durch Züchtung noch mehrere attraktive Aguti-Farbspielarten.

▸ Schick: Die edel aussehenden Silberagutis haben die gleiche Farbverteilung wie wildfarbene Tiere, bei ihnen sind aber die braunen Haarbänder durch weiße ersetzt.

▸ Gold-Aguti: Die Farbbänder dieser Tiere ergeben eine wunderschöne goldene Farbe. Ihre Augen sind rot und die Füße, die Ohren und die Krallen sind nicht oder kaum pigmentiert.

▸ Rote Augen: Viele Rennmausfarbschläge besitzen rote Augen, z. B. Creme-Aguti, der Goldfuchs, platinfarbene Tiere, der Himalaya-Albino hat sogar rosafarbene Augen.

Algierfuchs

Besonders ansprechend ist diese goldrote Farbvariante, die unterschiedlich stark ausgeprägt sein kann.

▸ Weißer Bauch: Typisch für den Algierfuchs ist der im Kontrast zum rötlich goldenen weiße und meist deutlich abgegrenzte Bauch, den auch die anderen Agutitiere haben.

▸ Feiner Unterschied: Im Gegensatz zu seinem hübschen „Kollegen", dem Gold-Aguti, hat der Algierfuchs dunkle Augen, wie z. B. auch die champagnerfarbenen Tiere.

▸ Rote Garde: Es gibt mehrere Farbschläge mit einer rotbraunen, rotgoldenen oder einer intensiv roten Färbung. Die unterschiedlichen Details erkennen oft nur Fachleute.

schwarz

Es gibt auch einfarbige Rennmäuse, schwarze sind schon recht lange bekannt, heute aber seltener zu finden.

▸ Kleiner Punkt: Schwarze Rennmäuse haben oft ein ganz markantes Erkennungszeichen in Form eines kleinen, weißen Flecks, beispielsweise am Näschen oder an der Brust.

▸ Unifarben: Neben schwarzen Tieren gibt es natürlich auch weiße, als Albino oder mit schwarzen Augen, und solche mit einem grauen oder blauen Fell, das fast violett erscheint.

▸ Weitere Farbschläge: Neben Einfarbigen und Agutitieren gibt es weitere Varianten, die zum Beispiel wie Siamkatzen gezeichnet sind oder etwas dunkler als „Burmesen".

Sind wir ein gutes Team?

Rennmäuse brauchen wenig Platz, sind für Anfänger in der Tierhaltung und auch für Berufstätige gut geeignet. Trotzdem gibt es vorher einige Punkte zu bedenken.

Wichtige Fragen

Nur, wenn Sie sich nach reiflicher Überlegung für die kleinen Nager entscheiden, werden Sie lange Zeit Freude an ihnen haben.

▸ Die Pflege von Rennmäusen ist nicht schwierig oder aufwändig, trotzdem sollten Sie täglich mindestens eine halbe Stunde Zeit für Ihre kleinen Untermieter übrig haben, und einmal im Monat für das Großreinemachen etwas mehr einplanen.

▸ Besprechen Sie sich mit der ganzen Familie, jeder muss dem Einzug der neuen Hausgenossen zustimmen.

Fleißige Baumeister: Sie müssen sich damit abfinden, dass Ihre Rennmäuse auch das schönste Häuschen zu Kleinholz machen.

▸ Klären Sie vor dem Einzug der Rennmäuse, wie die Aufgabenverteilung bei deren Pflege geregelt wird.

▸ Die Lebenserwartung der Nager ist – wie bei vielen anderen kleinen Säugern – leider relativ gering und beträgt durchschnittlich drei Jahre. Können Sie über einen solchen Zeitraum die Verantwortung für die Tiere übernehmen? Können Sie andererseits damit umgehen, ganz genau zu wissen, dass Ihre Rennmausfreunde Sie nur einen so kurzen Abschnitt Ihres Lebens begleiten werden?

▸ Geld spielt auch bei so kleinen Tieren eine Rolle. Neben dem Kaufpreis und den Kosten für die Erstausstattung müssen sie jeden Monat etwa zehn Euro für den Unterhalt der Tiere rechnen. Hinzu kommt, dass wegen der Knabberfreude der eifrigen Nager gelegentlich das eine oder andere Einrichtungsteil ausgewechselt werden muss. Ist eine Rennmaus krank, kann die Tierarztrechnung den „Wert“ des Tieres um ein Vielfaches übersteigen. Sind Sie bereit, dafür aufzukommen?

▸ **Andere Heimtiere** können den Rennmäusen gefährlich werden (Seite 33). Haben Sie die Möglichkeit, die Tiere eventuell auf Dauer räumlich getrennt zu halten.

▸ **Rennmäuse allein** zu halten, wäre Tierquälerei. Die Vergesellschaftung ist trotzdem nicht immer einfach und mitunter zeitaufwändig (Seite 32). Sind Sie bereit, diese „Mühe" auf sich zu nehmen, wenn ein Tier aufgrund des Todes eines Partners allein ist?

▸ **Die Betreuung** muss immer geregelt sein. Haben Sie einen „Rennmaus-Sitter", der die Tiere während Ihres Urlaubs oder bei einer Erkrankung fachmännisch versorgen kann (Seite 47)?

▸ **Allergien** sind oft ein Abgabegrund. Leidet kein Familienmitglied an einer Tierhaar- oder Hausstauballergie?

So zutraulich werden die kleinen Nager nicht immer.

Erwartungsvoll

Natürlich müssen Sie sich auch die Frage stellen, was Sie von Heimtieren erwarten. Rennmäuse sind keine Schmusetiere. Sie mögen es nicht, wenn sie stundenlang auf dem Schoß gehalten oder gestreichelt werden. Sie werden auch niemals Tricks lernen wie ein Hund. Sie sind sich selbst genug und gehen in einer großzügigen Unterkunft eben den Dingen nach, die eine Rennmaus tun muss. Wenn Sie sich viel mit ihnen beschäftigen, werden sie Sie daran teilhaben lassen und vielleicht auch auf Ihren Arm klettern: Aber bitte aufpassen – sie klettern nicht besonders gut. Trotzdem sind die kleinen Nagetiere nicht langweilig, Sie können das Gehege interessant einrichten und sie beobachten. Dort werden sie Ihnen ihre Welt zeigen – durch einen kleinen Blick ins „Schlüsselloch".

Sind Rennmäuse Kindertiere?

Der Kuschelfaktor entfällt bei Rennmäusen. Ein Vorteil sind die Aktivitätsphasen tagsüber (Seite 10). Geeignet sind die Tiere für Kinder, die viel Spaß am Beobachten und Versorgen haben. Altersmäßig ist es immer schwierig, eine Grenze zu ziehen. Es gibt Kinder, die sich mit 10 Jahren vorbildlich um ihre Nager kümmern, anderen würde man sie auch im Alter von 14 Jahren nicht anvertrauen. Voraussetzung ist aber immer, dass die Eltern die Verantwortung für die Tiere übernehmen und auch bei deren Versorgung helfen. ●

Partnerwahl

Tiergerecht ist nur die Haltung von mindestens zwei Rennmäusen. Nur im Kontakt mit Artgenossen entfalten die kleinen Nager das Spektrum ihrer vielfältigen Verhaltensweisen und zeigen, was in ihnen steckt. Vor der Auswahl der Tiere müssen Sie überlegen, welche es sein sollen.

Zwei Tiere sind ideal und vertragen sich auch auf Dauer gut.

Ein starkes Team

Rennen, Graben, Wühlen und Klettern macht mit Gleichgesinnten zusammen eben viel mehr Spaß und wichtiges soziales Verhalten wie gegenseitiges Putzen und Kuscheln sind nur mit einem Artgenossen möglich. Besonders die natürliche Neugier der Rennmaus wird erst in der Sicherheit gebenden Gruppe geweckt. Ein allein gehaltenes Tier wird sehr selten so zutraulich werden wie eines aus Gruppenhaltung. Selbst, wenn Sie sich mehrere Stunden am Tag mit einem einzelnen Tier beschäftigen, können Sie niemals den Artgenossen ersetzen.

- **In freier Natur** gibt es viele Modelle des Zusammenlebens, manchmal leben zwei Rennmäuse zusammen, manchmal sind es 20 Tiere, oft Eltern mit Nachwuchs.
- **In der Heimtierhaltung** sind aber nicht alle Modelle gut umsetzbar. Kommt es bei frei lebenden Rennmäusen zu heftigen Auseinandersetzungen, besteht für die Tiere immer noch die Möglichkeit abzuwandern, sich ein neues Territorium zu suchen und eine neue Familie zu gründen. Selbst in einem großzügigen Gehege (Seite 24) fehlt diese Option und so kommt es gerade in größeren Gruppen eher zu Streitereien, die manchmal auch tödlich enden können.
- **Eine größere Gruppe** zu beaufsichtigen braucht Erfahrung und trotzdem muss man immer damit rechnen, dass man die Tiere bei Auseinandersetzungen trennen und in separaten Gehegen unterbringen muss.
- **Empfehlenswert** ist die Haltung von zwei Tieren, besonders, wenn Sie noch keine Erfahrung mit Rennmäusen haben. Ein Duo können Sie auch in einem schönen großen Gehege unterbringen.

Geschlechterfrage

Ein Pärchen zu beobachten kann interessanter sein, als sich auf gleichgeschlechtliche Tiere zu beschränken. Neben der Werbung des Männchens können Sie auch Zeuge werden, wie der Rennmausnachwuchs groß wird. Doch genau darin

Große Truppe: Auf Dauer ist die Harmonie bei ihnen nicht garantiert.

kann das Problem liegen: Nicht immer finden sich Abnehmer für den zahlreichen Nachwuchs (Seite 56).

- **Eine Kastration** verhindert Nachwuchs bei Pärchenhaltung. Dieser Eingriff ist bei einem so kleinen Tier aber sehr kompliziert, risikoreich und wird nicht von jedem Tierarzt durchgeführt.
- **Sicher gehen Sie** bei einem gleichgeschlechtlichen Duo.
- **Weibliche** Rennmäuse gelten als streitsüchtiger als die Männchen, was gerade in größeren Gruppen zum Problem werden kann. Bei der Zweierhaltung ist das aber meist kein Problem.

Das richtige Alter

Da Rennmäuse durchschnittlich drei und nur selten fünf Jahre alt werden, haben Sie bei Jungtieren natürlich die Möglichkeit, die quirligen Hausgenossen über Jahre hinweg zu beobachten und sich an ihnen zu erfreuen. Zutraulich werden auch ältere Tiere, denn ihre Neugier ist oft größer als ihre Angst.

- **Ab sechs Wochen** sind die kleinen Rennmäuse selbstständig und können von der Mutter getrennt werden. Wollen Sie ein fremdes Tier zu Ihrem dazusetzen, sollte der Neuzugang nicht älter als acht Wochen sein, mit älteren Tieren ist eine Vergesellschaftung schwieriger (Seite 32). Aus diesem Grund sollten Sie sich möglichst gleichaltrige Rennmäuse oder Tiere aus einer Gruppe anschaffen, die sich bereits vertragen.
- **An der Schwanzlänge** können Sie häufig das Alter einer Rennmaus erkennen. Eine junge Rennmaus hat einen bis zu 7, eine einjährige Rennmaus einen circa 11 cm langen Schwanz. ●

Wo gibt es Rennmäuse?

Es ist nicht schwer, Rennmäuse zu bekommen. Die kleinen Nager werden inzwischen oft angeboten.

Aus dem Zoofachhandel

Viele Zoofachgeschäfte, Kaufhäuser oder auch Gartencenter mit Kleintierabteilung bieten Rennmäuse an. Achten Sie beim Kauf darauf, dass die Tiere artgerecht untergebracht sind. Haben Sie den Eindruck, dass die Haltungsbedingungen Mängel aufweisen, sollten Sie dort auf einen Kauf verzichten. Eine umfassende Beratung kann in einem seriösen Zoofachgeschäft und auch in einer gut geführten Kleintierabteilung erwartet werden. Die Mitarbeiter müssen dabei alle Ihre Fragen zu Ihrer Zufriedenheit und natürlich auch geduldig beantworten. Sind Sie von der Kompetenz der Mitarbeiter nicht überzeugt, sehen Sie vom Kauf ab! Das ist natürlich besonders der Fall, wenn in dem Geschäft Rennmäuse ohne Nachfrage einzeln abgegeben werden.
Ein guter Fachhändler fragt immer nach, ob ein einzelnes Tier zu einem anderen dazugesetzt werden soll und wird Ihnen dann gern einen Tipp zur Vergesellschaftung geben. Auch verletzte oder kranke Rennmäuse sind ein Alarmzeichen.

Vom Züchter

Ein guter Züchter wird Sie bestens beraten und bei der Auswahl der Tiere helfen. Dort laufen Sie nicht Gefahr, bereits trächtige Rennmäuse zu kaufen. Ein engagierter Züchter, der keine Massenzucht betreibt und die Tiere artgerecht hält, hat sich mit ihnen ebenfalls schon so weit beschäftigt, dass sie zutraulich und offen sind und schnell Freunschaft mit Ihnen schließen werden. Auch für Liebhaber besonderer Farbschläge ist er die erste Adresse. In den Privatanzeigen der Tageszeitung oder im Internet finden Sie Züchteradressen. Sie können natürlich auch selbst eine Suchanzeige aufgeben.

Vom Tierschutz

Durch unüberlegte Anschaffung oder unkontrollierten Nachwuchs landen immer mehr Rennmäuse in der Obhut der Tierschützer. Dort finden Sie Tiere jeden Alters und auch zahlreiche hübsche Farbschläge. Die Tierschützer achten genau darauf, die Nager nach Geschlechtern

Tabus beim Kauf

Jungtiere sollten nicht aus Inzuchtverbindungen (z. B. Geschwisterverpaarungen) entstammen, sie könnten unter Erbkrankheiten leiden.

Kaufen Sie sich keine Rennmäuse im Versandhandel. Nur vor Ort können Sie sich ein Bild über die Haltungsbedingungen und den Zustand der Nager machen und der Versand ist für die Tiere qualvoll, stressig und belastend und erschwert einen guten Start im neuen Heim.

Ein vorwitziges Näschen wagt sich vor. Auch ältere Tiere fassen meist schnell Vertrauen zu ihren neuen Menschen.

getrennt zu halten, damit es nicht noch mehr ungewollte Trächtigkeiten gibt. In großen Tierheimen, gerade in großen Städten und Ballungsräumen, gibt es meist eine größere Abteilung für Kleintiere und meist auch dementsprechend eine größere Auswahl an Rennmäusen, doch auch in kleinen Tierheimen kann man seine Traumtiere finden. Ich habe schon öfter Nager aus dem Tierheim übernommen, ob nun Hamster oder Rennmäuse und war durchweg begeistert von den kleinen Gesellen. Sie waren fast von Anfang an zahm und zutraulich und die Renner bereits miteinander vertraut. Ältere Tiere haben meistens den Vorteil, dass sie den Umgang mit Menschen gewohnt und zutraulich sind. Werfen Sie doch einmal einen Blick ins nächste Tierheim oder machen Sie sich im Internet bei einer Notvermittlungsstelle schlau, wo „Second-Hand-Rennmäuse" auf ein neues Heim warten – häufig finden Sie dort auch Babys und Jungtiere.

SMART

Tiere als Geschenk

- **Verschenken** Sie keine Rennmäuse ohne das Einverständnis des künftigen Halters, bei Kindern müssen auch deren Eltern zustimmen. Über einen Gutschein für Tiere und Zubehör sowie ein Rennmausbuch freut sich der Beschenkte genauso.
- **Kinder** wollen oft Rennmäuse haben. Doch noch besser, als ihnen die Tiere dann zum Geburtstag zu schenken, ist es für sie, die neuen Freunde selbst aussuchen zu dürfen.

Zeitungsanzeigen

Unerwünschter Nachwuchs, eine Tierhaarallergie oder ein Umzug sind nur einige der Gründe, warum Rennmaushalter ihre Tiere manchmal preiswert samt kompletten Zubehör per Annonce in der Tageszeitung anbieten. Man muss den Anbietern zugute halten, dass sie es sich zur Aufgabe machen, selbst neue Besitzer für die oft liebgewonnenen Tiere zu finden und dies nicht auf den Tierschutz abwälzen. Achten Sie bei der Auswahl auf die Geschlechter der Tiere, damit nicht auch Sie sich bald über eine unerwartete Vermehrung freuen können.

Clever aussuchen

Nehmen Sie sich Zeit bei der Auswahl Ihrer neuen Hausgenossen, schließlich suchen Sie sich Ihre kleinen Freunde für die nächsten drei oder vier Jahre aus. Kaufen Sie nur dort, wo Sie von Haltung und Tieren überzeugt sind.

Die kleinen, putzigen und preiswerten Tierchen verleiten leider nur allzu oft zu Spontankäufen. Gesehen, gekauft und abgegeben, ist ein häufiger Lebenslauf der kleinen Nager. Beim Anblick der großen Kulleraugen vergessen viele Tierfreunde schnell, dass mit der Pflege von Rennmäusen auch Arbeit und Verantwortung verbunden sind. Lassen Sie bitte die Finger von Überraschungsmitbringseln und übereilten Käufen. Schlafen Sie lieber eine Nacht über die Entscheidung und besprechen Sie sich mit Ihrer Familie. Sind alle überzeugt, können Sie die Tiere dann gemeinsam aussuchen.

In aller Ruhe

Ist der Entschluss getroffen, sollten Sie sich viel Zeit bei der Auswahl der Tiere lassen und sie genau beobachten. Lassen Sie sich auch niemals zum Kauf drängen. Dem Vorbesitzer, ob Händler oder Privatmann, sollte daran gelegen sein, dass die Tiere

◂ **Dicke Freunde** ① Suchen Sie sich möglichst zwei Tiere aus, die viel Zeit miteinander verbringen und zusammen kuscheln. Solche vertragen sich meist auch später gut. Die Nager müssen von dem Verkäufer nach Geschlechtern getrennt untergebracht sein. Überprüfen Sie trotzdem das Geschlecht der Tiere, mitunter ist der kleine Unterschied aber nur schwer zu entdecken. Halten Sie bei Männchen Ausschau nach den Hoden: After und Geschlechtsöffnung haben bei ihnen einen größeren Abstand als beim Weibchen, bei denen manchmal zusätzlich die Zitzenreihen zu erkennen sind.

in gute Hände kommen und deswegen Verständnis dafür haben, wenn es länger dauert. Haben Sie jedoch den Eindruck, dass er die Tiere nur möglichst schnell loswerden will, müssen Sie davon ausgehen, dass die Haltung der Rennmäuse auch nicht die beste war.

Kritisch sein

Suchen Sie die Rennmäuse am besten während ihrer Aktivitätsphase aus. Häufig können Sie sie morgens nach der Geschäftsöffnung in Aktion erleben. Schläft die Bande aber noch, sollten Sie zwei oder drei Stunden später noch einmal wiederkommen. Nachdem Sie die Tiere lange in ihrem Gehege beobachtet haben, sollten Sie alle darin lebenden Rennmäuse aus der Nähe betrachten und einen kleinen Gesundheitscheck vornehmen (rechts). Kaufen Sie keine Tiere aus einer Gruppe, in der sie kranke Artgenossen entdecken oder vermuten! Oft haben sich die anderen Rennmäuse schon angesteckt oder die Abwehrkräfte sind geschwächt. Vereinbaren Sie, den Nachwuchs zurückbringen zu können, falls Sie ein bereits trächtiges Weibchen kaufen.

2 ▲ **Gesundheitskontrolle** Schauen Sie sich die zur Auswahlstehenden Tiere genau an und prüfen Sie, ob Krankheiten zu erkennen sind. Das Rennmausheim und Tiere müssen frei von Parasiten sein. Zu erkennen ist das z. B. an Borken, Krusten oder kahlen Stellen im Fell. Gesunde Rennmäuse zeigen schnelle Reaktionen, die Tiere sind neugierig und aufgeweckt. Sie haben eine natürliche Körperhaltung und normale Bewegungsabläufe. Das Fell muss dicht und glänzend sein. Sieht es struppig oder ungepflegt aus, ist das Tier meist krank oder die Haltung stimmt nicht. Die Augen müssen klar und glänzend und die Nase trocken und frei von Ausfluss sein. Körper und Gliedmaßen sind sauber. Ist das nicht der Fall, ist die Haltung unhygienisch. Der After muss sauber und nicht mit Kot verschmiert sein, sonst hat das Tier höchstwahrscheinlich Durchfall.

Aktiv im Team

Lebensraum für kleine Entdecker

Bevor die neuen Mitbewohner bei Ihnen einziehen können, sind einige Vorbereitungen zu treffen – vor allem muss ihre Unterkunft hergerichtet werden. Es gibt verschiedene Unterbringungsmöglichkeiten für die kleinen Flitzer. Die Varianten reichen vom einfachen Glasbecken bis zum aufwändigen Verbundsystem.

Welche Art von Behausung Sie bevorzugen, hängt von Ihren räumlichen Möglichkeiten und nicht zuletzt von Ihrem Geldbeutel ab. Im Zoofachhandel wird eine große Auswahl an Zubehör angeboten, mit dem Sie das Rennmausheim interessant und abwechslungsreich gestalten können. Verzichten Sie dabei auf unnötigen Schnickschnack. Den Bewohnern ist es egal, ob sie in einem 50 € oder 300 € teuren Eigenheim leben, solange alle ihre Bedürfnisse erfüllt sind.

Tolles Häuschen für Rennmäuse mit zwei Zimmern und viel Platz.

Gehegevarianten

Im Vordergrund sollte die artgerechte Unterbringung Ihrer Rennmäuse stehen. Orientieren Sie sich in deren Interesse nicht am Minimum, sondern am Optimum. Das Bundesministerium für Verbraucherschutz, Ernährung und Landwirtschaft gibt in seinem Gutachten über die Mindestanforderungen von Säugetieren für die Mäuseartigen – zu denen ja auch die Mongolische Wüstenrennmaus gehört – einen Raumbedarf pro Gruppe von nicht unter 0,5 qm an. Das ergibt eine Grundfläche von 100 x 50 cm, 40 cm Höhe sind sinnvoll (Tipp rechts).

▸ **Glasbecken** Die beste Möglichkeit Rennmäuse zu beherbergen, ist ein zweckentfremdetes Aquarium. Die Einstreu kann hoch eingefüllt werden und bietet den Bewohnern ein Buddelparadies. Sie haben beste Sicht auf die Tiere und können ihr Verhalten ohne störende Gitter beobachten (Seite 28). Bei den Privatanzeigen von Tageszeitungen werden gebrauchte Becken oft günstig angeboten. Verwenden Sie wegen der schlechten Belüftung keine normale Aquarienabdeckung. Ideal ist eine stabile, kleinmaschige Drahtabdeckung in einem Holzrahmen, die fest genug sitzt, damit die vorwitzigen Rennmäuse nicht ausbrechen können. Bastler können diese Ausbruchssicherung ganz leicht selbst herstellen.

▸ Terrarium Die Schiebetüren erleichtern die Pflege, doch beim Öffnen fällt Streu heraus und der Luftaustausch ist gering. Feuchtigkeit kann sich stauen und zu Atemwegserkrankungen führen. Die Schienen bieten oft Ansatzpunkte zum Nagen.

▸ Gitterkäfig Obwohl im Zoofachhandel eine große Auswahl an Käfigen angeboten wird, sind diese für die Haltung von Rennmäusen nicht die erste Wahl. Die Wannen sind selten so hoch, dass die Einstreu beim wilden Buddeln der kleinen Wühler nicht im Zimmer landet. Manchmal finden die vorwitzigen Tiere sogar Kanten an der Wanne, die sie anknabbern können. Durch das Verschlucken der Splitter können schlimme Verletzungen entstehen. Gerade bei Langeweile nagen die Tiere oft am Gitter. Der Abstand der Gitterstäbe sollte höchstens 1 cm betragen, damit auch junge Rennmäuse nicht ausbüxen können. Einige Züchter geben ihre Tiere gar nicht in spätere Käfighaltung ab.

Tonhäuschen halten auch arbeitssamen Nagezähnchen stand.

SMART

Besatzgröße

- **Zwei Tiere** können Sie in großen Becken unterbringen, auch mit mehr als 1 qm Grundfläche.
- **Größer** als 0,5 qm sollte die Grundfläche bei mehr als zwei Tieren nicht sein. Bei größerem Platzangebot teilt sich oft die Gruppe und es gibt Revierstreitigkeiten.

Die artgerechte Einrichtung

Je abwechslungsreicher Sie das Rennmausheim einrichten, desto wohler werden sich die Bewohner dort fühlen und ihre natürlichen Verhaltensweisen zeigen. Trotzdem darf es nicht zu vollgestopft werden, damit für die Tiere auch noch genug Platz zum Graben und Flitzen da ist. Verzichten Sie bei der Einrichtung der Rennmauswohnung auf Gegenstände aus Plastik. Diese werden von den sehr eifrigen Nagern in Windeseile kurz und klein gemacht. Die scharfkantigen Bruchstücke können außerdem zu Verletzungen und Erkrankungen führen, wenn sie verschluckt werden. Hamsterwatte, reißfeste Papiertücher und Textilien haben in der Unterkunft der Tiere ebenfalls nichts zu suchen. Zu groß ist die Gefahr, dass die Tiere sich Pfoten abschnüren oder anderweitig schwer verletzen.

Standort für das Rennmausheim

Im Schlaf- oder Kinderzimmer können die durch das Scharren und Nagen bedingten Geräusche die Nachtruhe empfindlich stören. Die Küche ist wegen der Kochdünste ebenfalls nicht der ideale Platz.

Gut geeignet sind das Arbeits- oder Wohnzimmer, sofern dort nicht geraucht oder laute Musik gehört wird.

Zugluft muss ebenso vermieden werden wie direkte Sonneneinstrahlung oder ein Platz an der Heizung, trotzdem darf das Becken nicht in einer dunklen Ecke stehen.

Es sollte auch nicht auf dem Boden stehen. Die Tiere würden bei jeder Bewegung einen Riesenschreck bekommen, weil sie einen Angreifer vermuten würden. Stellen Sie die Rennmauswohnung am besten auf eine Kommode, dann können Sie bequem alle Pflegearbeiten verrichten.

Einstreu & Nestbau

Als Einstreu bietet sich handelsübliche Kleintierstreu aus Holzspänen an, die mindestens 20 cm hoch eingefüllt wird. Achten Sie darauf, dass die Streu staubarm ist. Mischen Sie die Streu mit Heu und Stroh, das verleiht den Gängen Stabilität.

▸ **Nestbaumaterial** Dazu brauchen die Nager Heu und Toilettenpapier, Küchen- oder Taschentücher: unbedruckt und wasserlöslich.

Schlafhaus

Gut geeignet sind größere Hamsterhäuschen aus unbehandeltem Holz. Diese haben den Vorteil, dass sie von den Nagern unbedenklich angeknabbert werden können. Doch auch Häuschen aus Ton oder Keramik erfüllen ihren Zweck und sind wesentlich langlebiger. Mit ein wenig handwerklichem Geschick können Sie auch leicht selbst ein schönes Versteck bauen. Verzichten Sie dabei aber auf giftige Klebstoffe oder Nägel. Der Eingang sollte mindestens 5 cm Durchmesser haben.

Das Sandbad ist wichtig für die Fellpflege und das Baden scheint ein Riesenspaß zu sein.

Sandbad

Zur Reinigung des Fells baden die Steppenbewohner in speziellem Chinchillasand. Verwenden Sie keinen Bau- oder Vogelsand, weil die Sandkörner zu scharfkantig sind und dem Fell schaden. Den Sand können Sie in einem Keramikgefäß oder einem Blumenuntersetzer anbieten. Überdacht mit einem Häuschen, bleibt der Sand auch länger sauber.

Näpfe

Ein Futternapf ist nicht nötig, das Futter kann auf der Einstreu verteilt werden. Das Wasser können Sie in einer Nippeltränke anbieten, vorausgesetzt sie tropft nicht, ist auslaufsicher und so am Beckenrand befestigt, dass sie weder Einstreu noch andere Einrichtungsgegenstände berührt. Ich biete das Wasser auf einen Holzbrett in einem Tonhäuschen an, damit es nicht durch Einstreu verschmutzt wird.

Transportbox

Für die Heimfahrt oder zur Unterbringung während der Beckenreinigung ist eine Transportbox aus Plastik sehr nützlich. Sie sollte eine Länge von etwa 25 bis 30 cm haben und mit Heu und Streu gepolstert werden.

Laufrad

Dieses Thema ist umstritten. Klassische Laufräder bergen Gefahren: Die Tiere können sich durch den Schereneffekt Schwänze und Gliedmaßen quetschen – es hat sogar Todesfälle gegeben. Einige moderne Laufräder sind aber sicherer. Achten Sie beim Kauf auf einen Durchmesser von 25 bis 30 cm, eine geschlossene Rückwand und Lauffläche sowie eine Befestigung an der Rückseite. An der Vorderseite dürfen keine Streben vorhanden sein, die einen Schereneffekt verursachen. In einem großen Becken werden selbst Kunststoffräder kaum angenagt.

Abenteuerlandschaft gegen Langeweile

Zu einer artgerechten Einrichtung der Rennmausunterkunft gehört noch mehr als die Grundausstattung, schließlich wollen die Tiere nicht nur dort wohnen, sondern auch leben und spannende Dinge unternehmen.

Ganz wichtig ist den Tieren die Möglichkeit, eifrig buddeln zu können. Gehen Sie großzügig mit der Einstreu um (Seite 26), dann können Ihre Rennmäuse fleißig Gänge und Kammern bauen und täglich die Innenarchitektur neu gestalten. Bald wird es darin aussehen wie in einer Ameisenfarm. Nehmen Sie ihnen nicht den Spaß, indem Sie Plastikröhren anbieten, diese werden meist angeknabbert (gefährlich!) und der Durchmesser ist oft zu eng! Toll ist es, wenn Sie den Nagern verschiedene Lebensräume anbieten, indem Sie zwei oder mehr Glasbecken ausbruchssicher miteinander verbinden oder ein richtig großes Becken unterteilen. Ein Lebensraum wird dann hoch mit Streu gefüllt, der andere z. B. nur mit Sand, einem Laufrad und Klettermöglichkeiten. Sie können auch einen kleinen „Holztisch“ mit einem Aufgang hineinstellen und dort den Wassernapf sicher und sauber aufstellen.

1 ◂ Aussichtspunkte Wurzeln, Steine und dicke Äste werden von den Rennmäusen gern als Aussichtspunkte genutzt. Holz muss aber immer nagetauglich sein. Ideal und unschädlich sind Hölzer von Birke, Weide, Pappel, Apfel- und Birnbäumen. Achten Sie beim Arrangement der Inneneinrichtung unbedingt darauf, alles sicher aufzustellen, damit es von den Rennmäusen nicht untergraben werden kann und über ihnen zusammenstürzt. Die Tiere könnten vielleicht verletzt werden.

2

▸ **Tunnelsystem** Die kleinen Nager lieben alle Arten von Tunneln und Röhren. Besonders Korkröhren stehen hoch im Kurs, kaufen können Sie diese im Zoofachhandel. Sie können z. B. eine lange Röhre auf den Boden des Beckens legen, bevor Sie die Streu darüber geben, das verleiht auch den selbst gegrabenen Tunneln mehr Stabilität. Finden Sie sich aber damit ab, dass auch die schönste Röhre und andere Holzeinrichtungsgegenstände angeknabbert werden, wenn sie beim Graben von unterirdischen Bauen im Weg sind – kleine Holzpfähle werden oft sogar in bester Bibermanier durchgenagt.

3

◂ **Alles aus Pappe** Pappröhren sind der größte Spaß für viele Rennmäuse. Gut eignen sich die Papprollen von Küchen- oder Toilettenpapier – es dürfen sich aber keine Reste von Kleber daran befinden. Durch die Röhren können die Tiere durchflitzen, besondere Freunde macht es, wenn die Rollen wie im Bild ein spannendes Stecksystem ergeben. Zwei Tiere schaffen es locker, eine Rolle in zehn Minuten zu Konfetti zu schreddern. Der Verbrauch an Papprollen ist allerdings beträchtlich – bei uns helfen Verwandtschaft und Nachbarin beim Sammeln mit.

Freundschaft schließen

Endlich ist der Tag gekommen, an dem Ihre neuen Hausgenossen bei Ihnen einziehen. Für den Heimweg setzen Sie die Rennmäuse in eine mit Streu und Heu gepolsterte Transportbox. Auf kurzen Fahrten brauchen die Nager kein Futter, ansonsten reichen einige Körner und als Flüssigkeitsspender ein Stück Gurke. Fahren Sie auf direktem Weg nach Hause und achten Sie darauf, dass die Tiere weder Zugluft, Kälte, Hitze oder Nässe ausgesetzt sind, sonst droht eine Erkältung.

Rennmauslift: Sicherer Transport für wuselige Nagetiere.

Willkommen heißen

Das Glasbecken ist komplett eingerichtet und steht für die neuen Bewohner bereit. Stellen Sie die Transportbox samt Tieren in das Rennmausheim und warten Sie ab, bis die Nager sich von alleine in ihr neues Reich wagen. Nehmen Sie dann vorsichtig die Box heraus und achten Sie darauf, dass Türen oder Abdeckung des Beckens sicher verriegelt sind – denn Rennmäuse sind Meister im Ausbrechen und finden garantiert jedes Schlupfloch.

- **Ruhe** ist nun wichtig – ziehen Sie sich zurück und beobachten Sie nur aus der Entfernung. Es ist besonders für Kinder schwer, Geduld zu zeigen, doch die Tiere müssen sich erst ohne Aufregung mit ihrer neuen Umgebung vertraut machen. Ansonsten kann der Stress sogar gesundheitliche Folgen haben. Beschränken Sie sich deswegen auf die notwendigsten Pflegearbeiten.
- **Nach zwei bis drei Tagen** haben die Rennmäuse meist ihr neues Heim ausgiebig erkundet und es vielleicht auch schon nach ihren Vorstellungen gestaltet. Nun können Sie sich Ihren neuen Mitbewohnern vorstellen.
- **Halten Sie** Ihre Hand in das Aquarium, bieten Sie etwas Futter auf der Hand an und versuchen dabei, sich dabei möglichst ruhig zu verhalten. Jede schnelle Bewegung versetzt die Rennmäuse in Angst. Schon bald werden die neugierigen Nager sich Ihrer Hand nähern und sie beschnüffeln oder sich einen Happen holen – bei Gefahr immer zum Rückzug bereit.
- **Besonders Mutige** werden vielleicht an Ihren Fingern knabbern – bewegen Sie diese dann ein bisschen. Nach wenigen Tagen werden sich die Rennmäuse schon auf Ihre Hand wagen und vielleicht sogar an Ihrem Arm hochlaufen. Passen Sie auf, dass dabei keine entwischt. Besonders zaghafte Gesellen können Sie mit einem Leckerbissen locken wie einem Sonnenblumenkern, einer Haselnuss oder einem Mehlwurm. Schon bald werden die neugierigen Rennmäuse Sie zutraulich begrüßen.

Einer leckeren Versuchung kann kaum eine Rennmaus widerstehen.

▸ Bleiben Sie behutsam, auch wenn Ihre kleinen Untermieter Vertrauen zu Ihnen gefasst haben. Vermeiden Sie auch künftig schnelle Bewegungen oder laute Geräusche, um die Kleinen nicht zu erschrecken.

Richtig tragen

Um die Rennmäuse hochzuheben, lassen Sie sie am besten auf Ihre Hand springen und halten die andere Hand wie ein Dach darüber. Am Schwanz dürfen Sie die Nager niemals festhalten oder gar hochheben! Vorsichtiges Fixieren ist höchstens am Schwanzansatz erlaubt. Wenn Sie die falsche Stelle des Schwanzes fest halten oder sogar daran ziehen, löst sich die Haut komplett ab und Sie sehen dann nur noch den rohen Schwanz vor sich. Mit diesem Trick, der für die Tiere sicherlich sehr schmerzhaft ist, können sie sich in freier Natur aus den Fängen ihrer Feinde befreien und so wenigstens ihr Leben retten. Die Haut wächst aber nicht nach, vielmehr fällt der enthäutete Schwanz meist nach mehreren Tagen ab oder wird von der Rennmaus selbst abgebissen.

SMART

Scheue Rennmäuse tragen

› **Die kleinen Nager** sind flinke Gesellen. Gerade für frischgebackene Rennmaushalter ist es schwierig, sie sicher in der Hand zu tragen. Man hat Angst, sie zu fest zu drücken oder zu locker, sodass sie entwischen.

› **Mit einem Trick** haben Sie die Herausforderung aber schnell gelöst. Lassen Sie die Nager einzeln in eine Pappröhre oder eine Tasse klettern und halten Sie die Öffnungen zu. So können Sie auch scheue Rennmäuse prima tragen.

Freunde finden

Lebt nur eine einzelne Rennmaus bei Ihnen und wollen Sie ihr die Gesellschaft eines Artgenossen bieten, müssen Sie sich in Geduld üben, bis die zwei sich aneinander gewöhnt haben.

Vergesellschaftung

Auf keinen Fall dürfen Sie das neue Tier einfach zu der vorhandenen Rennmaus in das Becken setzen. Es würde durch seinen nicht „zur Gruppe" passenden Geruch sofort als Eindringling erkannt und erbittert verjagt oder sogar getötet werden.

▸ **Die Familienbande** sind sogar schon gestört, wenn eine Rennmaus lediglich drei Tage getrennt von ihrem Artgenossen gehalten wurde und dadurch ihren typischen Duft verloren hat.

▸ **Am einfachsten** ist eine Vergesellschaftung, wenn der Neuzugang nicht älter als acht Wochen ist. Später wird die Gewöhnung durch das Revierverhalten der Rennmäuse sehr schwierig und ist manchmal sogar unmöglich.

▸ **Reinigen Sie** das Becken gründlich und richten Sie es komplett neu ein. Nun trennen Sie es mit zwei Gittern in der Mitte ab. Der Sicherheitsabstand zwischen den Gittern sollte etwa zwei Zentimeter betragen. Die Maschen dürfen nicht weiter als einen Zentimeter sein, damit die Rennmäuse nicht hindurchklettern können.

▸ **Setzen Sie** nun ein Tier in jede Hälfte des Aquariums. Wechseln Sie drei oder vier Mal am Tag die Seiten. Wenn Sie sieben bis zehn Tage lang die Abteile vertauscht haben, müsste sich der Geruch der Rennmäuse so angeglichen haben, dass sie sich akzeptieren.

▸ **Haben Sie** nun den Eindruck, dass sich jede Rennmaus in ihrer Hälfte friedlich verhält, können Sie die Trenngitter entfernen. Sie müssen die Nager in den folgenden Stunden und Tagen genau beobachten, um bei Streitereien schnell eingreifen zu können. Ideal ist es, wenn Sie am Wochenende oder im Urlaub Zeit für die Vergesellschaftung haben.

▸ **Auch wenn** sich die Tiere anfangs friedlich verhalten, kann es trotzdem noch zu heftigen Kämpfen kommen, sodass Sie die Kontrahenten wieder trennen müssen. Dann beginnt das Spiel von vorne. Eine Garantie, dass sich die Artgenossen anfreunden werden, gibt es jedoch nicht. Vielleicht kann Ihnen ein erfahrener Rennmaushalter weitere Tipps geben.

Streithähne richtig trennen

Wenn Sie zwei sich kämpfende Rennmäuse mit der Hand trennen, können Sie sich blutige Finger einhandeln.

Versuchen Sie lieber, vorsichtig ein Stück Pappe zwischen die Streithansel zu schieben, damit sie getrennt werden.

Alternativ können Sie auch Lederhandschuhe anziehen, um eine Maus herauszunehmen. Darin hat man allerdings oft nicht das nötige Finderspitzengefühl.

Dream-Teams brauchen manchmal lange, bis sie zusammenfinden, doch dann sind sie unterztrennlich und immer gemeinsam on tour.

Rennmäuse und andere Tiere

So wichtig es auch für Rennmäuse ist, einen Artgenossen an ihrer Seite zu haben, auf andere Tiere „pfeifen" sie. Sie wollen keinen Kontakt mit Hund, Katze, Maus oder Vogel und bleiben lieber immer für sich.

▸ Hunde – sofern Sie gut erzogen sind – kann man meist dazu bringen, dass sie die kleinen Tiere hinter Glas ignorieren. Beim Freilauf der Rennmäuse dürfen Sie aber nicht anwesend sein, denn durch das schnelle Flitzen können viele Hunde einer kleinen Verfolgungsjagd nicht widerstehen. Und es gibt immer wieder Gesellen, oft sind z. B. Terrier darunter, die gar nicht genug von dem „Kino" bekommen können, aufgeregt davor sitzen, winseln und kläffen. Dann bleibt nur die Unterbringung der Nager in einem anderen Raum. Übrigens hat sich keiner meiner Nager aus dem Tierheim daran gestört, dass unsere Hunde bellen, wenn es z. B. an der Tür klingelt. Vermutlich waren sie diese Geräuschkulisse einfach schon gewohnt.

▸ Katzen sehen in Nagern meist nur ein leckeres Frühstück. Achten Sie darauf, dass die Samtpfoten keine Gelegenheit haben, die Rennmäuse zu fangen oder im Becken zu belästigen. Beim Freilauf der Nager ist strikte Trennung angesagt!

▸ Andere Nager würden erbittert aus dem Territorium der Rennmäuse vertrieben, deswegen ist eine gemeinsame Haltung nicht möglich – und auch nicht tiergerecht! Auch wenn es vielleicht sogar den Anschein hat, sind die Ansprüche von Hamstern, Mäusen, Meerschweinchen oder Degus zu unterschiedlich, als dass eine Vergesellschaftung möglich wäre.

Menüplan

Wild lebende Rennmäuse können sich nicht täglich an einem prall gefüllten Napf voller Leckerbissen satt essen. Vielmehr sind sie viele Stunden am Tag damit beschäftigt, etwas Nahrhaftes zu finden. Wählerisch können sie dabei nicht immer sein und müssen sich mit dem zufrieden geben, was die Natur im Wandel der Jahreszeiten bietet.

Richtig dosieren

Etwa acht Mahlzeiten pro Tag nehmen die Tiere dabei zu unterschiedlichen Tageszeiten zu sich. Das erklärt, warum die als Heimtiere gehaltenen Rennmäuse häufig unter Langeweile leiden und aus der Form geraten. Zu viel des Guten schadet nur und kann die kleinen Freunde sogar krank machen. Behalten Sie den Überblick über die verzehrte Menge und vermeiden Sie, dass Ihre Feinschmecker nur die Leckerbissen futtern und der unbeliebte Rest liegen bleibt. Nur eine abwechslungsreiche Ernährung schützt vor Krankheiten. Auch bei Rennmäusen gibt es gute und schlechte Futterverwerter und der Bedarf eines jeden Tieres muss individuell ermittelt werden. Trotzdem dürfen Ihre Rennmäuse nie hungern, da sie durch ihren schnellen Stoffwechsel immer sehr viel Energie verbrauchen.

Die richtige Menge füttern

Pro erwachsenem Tier können Sie einen gestrichenen Esslöffel bzw. 10 g Körnerfutter täglich geben. Teilen Sie diese Portion und füttern Sie morgens und abends.

Bunkern die Tiere viel, müssen Sie die Menge der täglichen Ration wieder etwas reduzieren.

Lassen die Nager nichts von ihrem Futter übrig, können Sie die Portionen täglich etwas erhöhen.

Basisfutter – der Mix macht's

Die Hauptnahrung frei lebender Rennmäuse besteht aus kleinen Sämereien und Getreide. Im Zoofachhandel gibt es Körnermischungen für Rennmäuse. Achten Sie darauf, dass sie genug kleine Samen enthalten oder geben Sie diese selbst zu, z. B. mit Wellensittichfutter. Fetthaltige Bestandteile wie Sonnenblumenkerne und Nüsse werden von den Rennmäusen zwar mit Wonne verspeist, sind aber Dickmacher. Deswegen sollten diese nur als Belohnung gegeben werden. Erdnüsse in der Schale können giftige Schimmelpilze enthalten. Ein gutes und ausgewogenes Rennmausfutter enthält auch getrocknetes Gemüse und getrocknete Kräuter.

- **Kaufen Sie** keine großen Vorratspackungen, wenn Sie nur zwei Rennmäuse besitzen. Durch lange Lagerung gehen die wertvollen Nährstoffe verloren.
- **Selbst gemischt** können Sie das Grundfutter für Ihre kleinen Untermieter optimal zusammenstellen.

Getrocknetes Gemüse ist bei vielen Rennmäusen sehr beliebt. Die Feinschmecker haben aber oft unterschiedliche Vorlieben.

Folgende Bestandteile sollten darin enthalten sein:
200 g Wellensittichfutter
200 g Gras- u. Kräutersamen (z. B. Fenchel, Löwenzahn)
70 g Trockengemüse
40 g 5- oder 6-Korn-Biogetreidemischung
40 g Kräutermischung

Knabbereien

Nagen macht Rennmäusen nicht nur Spaß, es ist auch wichtig, damit die ständig nachwachsenden Zähne abgenutzt werden. Leider enthalten viele Knabberstangen und andere Snacks aus dem Zoofachhandel Zucker, Melasse oder Honig und dadurch zu viel Energie, was zu Übergewicht führen kann. Gut geeignet zum Knabbern sind die Zweige von Obst-, Birke-, Weiden-, Pappel- oder Haselnussbäumen. Sie machen nicht dick, enthalten viele Mineralstoffe und können auch mit Laub, Knospen und Blüten angeboten werden.

▸ Zum Verwöhnen können Sie einmal wöchentlich einen Sonnenblumen-, Kürbis- oder Pinienkern, ein Viertel einer Haselnuss, Walnuss oder Pecanuss oder auch ein Stückchen getrockneten Apfel, eine Rosine oder Hagebutte geben.

SMART

Leicht getrocknet

- **Gemüse** können Sie getrocknet kaufen oder selbst im Umluftbackofen bei 50 °C trocknen.
- **Gut eignen** sich Sellerie, Karotten, Kohlrabi, Fenchel und Rote Bete.
- **Kräuter** können Sie zum Trocknen in einem gut durchlüfteten Zimmer aufhängen.
- **Gut eignen** sich z. B. Brennnessel, Brombeerblätter, Hirtentäschelkraut, Schafgarbe, Gänseblümchen, Ringelblumenblüten und Kamille.

Frisch & knackig

Zu einer ausgewogenen Ernährung Ihrer Rennmäuse gehört noch mehr als das Basisfutter.

Frischfutter

Frisches Grünfutter und Gemüse sind unerlässlich für die gesunde Ernährung. Alle zwei Tage sollten diese gesunden Extras auf dem Speisezettel stehen. Wenn Ihre Nager es gut vertragen und mögen auch täglich. Obst kann durch seinen hohen Zuckergehalt allerdings die Entstehung von Diabetes begünstigen und sollte aus diesem Grund nur selten als Belohnung gegeben werden. Das große Angebot an Gemüse und Grünfutter erlaubt Ihnen die Zusammenstellung einer abwechslungsreichen Speisekarte. Damit Ihre Rennmäuse kein verdorbenes oder bereits gärendes Futter fressen, muss übrig gebliebenes Frischfutter abends wieder aus dem Becken entfernt werden. Füttern Sie deswegen lieber häufiger kleine Mengen. Sind die Rennmäuse noch kein Frischfutter gewohnt, müssen Sie sie erst mit kleinen, etwa daumennagelgroßen Stücken daran gewöhnen. Viele Zutaten finden Sie in der Gemüseabteilung Ihres Supermarktes, andere können Sie beim Spaziergang sammeln. Alles, was Sie Ihren Rennmäusen geben, muss „Bio“ sein, darf also nicht mit Insektenschutzmitteln behandelt sein. Waschen Sie das Frischfutter vorher gründlich, Apfel und Co. müssen auch geschält werden.

▸ **Für den Einkaufszettel** Apfel, Birne, Brokkoli, Chicorée, Eisbergsalat, Endiviensalat, Erdbeeren, Feldsalat, Fenchelknolle, Gurke, Karotte (auch mit Laub), Kohlrabi, Küchenkräuter, Kürbis, Mangold, Melone, Paprika, Rote Bete, Sellerie, Sojasprossen, Tomaten (nur das rote Fleisch anbieten) und Zucchini.

▸ **Zum selbst Sammeln oder Anpflanzen im Garten** Basilikum, Brombeeren mit Blättern, Dill, Roter Sonnenhut, Gänseblümchen, Gras (auch mit Rispen), Hafer, Himbeeren, Kamille, Löwenzahn, Luzerne, Malve, Melisse, Nussbaumblätter, Petersilie, Ringelblumenblüten, Salbei, Schafgarbe, Sonnenblumenblüten- und Blätter, Spitzwegerich, Vogelmiere und Weizen. Sammeln Sie Grünfutter nicht an viel befahrenen Straßen, in der Nähe von Industrieanlagen oder an stark genutzten Hundegassiwegen.

Wichtiges zur Fütterung

Füttern Sie Frischfutter niemals aus dem Kühlschrank, das führt zu Verdauungserkrankungen.

Ungeeignet oder giftig sind z. B. Speisereste, rohe und gekeimte Kartoffeln sowie Kartoffel- und Tomatenlaub, Mandeln, Rhabarber, rohe Bohnen, Steinobst (Seite 61).

Lassen Sie einen Teil des Körnerfutters keimen, um zu prüfen, ob es frisch ist. Die Keime können Sie verfüttern.

Gutes und frisches Kräuterheu muss Ihren Rennmäusen ständig als Nahrungsergänzung und Baumaterial zur Verfügung stehen.

Tierische Nahrung

Wilde Rennmäuse ernähren sich zwar überwiegend vegetarisch, wissen aber ebenfalls Insekten als wichtige Eiweißlieferanten zu schätzen. Auch die als Heimtier gehaltenen Nager verschmähen diese Zusatzkost nicht, die zwei bis drei Mal in der Woche gegeben werden sollte. Trächtige Tiere freuen sich besonders über einen Mehlwurm täglich. Sie können die Mehlwürmer in einem Glasbecken mit Luftlöchern halten. Ernähren Sie sie ausgewogen mit Kleie, Haferflocken und Grünfutter. Wenn Ihnen das nicht behagt, können Sie stattdessen auch Vogelfutter mit getrockneten Insekten aus dem Zoofachhandel, einen Tropfen Jogurt, Magerquark oder Hüttenkäse in einem Schälchen oder einen Hundekuchen anbieten.

Wasser

Obwohl Rennmäuse nur wenig trinken und viel Flüssigkeit aus dem Frischfutter beziehen, sollte ihnen immer frisches und sauberes Wasser zur Verfügung stehen.

Vitamin- und Mineralstoffpräparate

Zusätzliche Vitamingaben oder Ergänzungsfuttermittel brauchen Sie Ihren Rennmäusen bei abwechslungsreicher Ernährung nicht zu geben. Eine Überversorgung mit Vitaminen und Mineralstoffen kann sogar zu Beschwerden und Krankheiten führen. Lediglich bei trächtigen, kranken oder alten Tieren müssen Sie eventuell einige Extras zum Futter geben. Fragen Sie dann Ihren Tierarzt, er wird Sie ausführlich beraten und kann Ihnen sagen, ob zusätzliche Präparate für die Tiere wirklich notwendig sind.

Beobachtungstipps

Rennmäuse bieten ihren Menschen keine Schmusestunden – dafür aber etwas viel Besseres: Unterhaltung pur! In ihrem kleinen Reich hinter der Glasscheibe findet das pralle Leben statt, mit all seinen Höhen und Tiefen. Sie zeigen innige Zuneigung und Kuscheln unter Freunden, Raufereien unter Kumpels, den Bau von Gängen und „Häusern“ und den Genuss leckeren Futters.

Flitzen muss sein, Hindernisse werden mit Leichtigkeit überwunden.

Der Blick durchs Schlüsselloch

Fangen Sie bei Ihren Beobachtungen doch einfach damit an, herauszufinden, wann Ihre kleinen Untermieter ihre aktivste Zeit haben, wie lange sie dann unterwegs sind und wie lange sie zwischendurch ruhen.

▸ Auch die Fütterung bietet Ihnen recht viele interessante Einblicke. Welche Körner suchen sich die kleinen Feinschmecker zuerst heraus und welche bleiben übrig? Gibt es Körner, die sie Nager immer direkt verspeisen und solche, die sie doch lieber in ihrem Bau bunkern? Wie sieht es beim Frischfutter aus – gibt es dabei vielleicht bestimmte Vorlieben? Meine Rennmäuse machen sich beispielsweise immer mit Eifer über frischen Löwenzahn her, Petersilie ist ein eher unbeliebtes Kraut und bleibt lange liegen, bevor sie daran gehen. Aber auch wenn Ihre Nager nicht alle Körner oder das Frischfutter gleich gern fressen, müssen Sie immer auf eine abwechslungsreiche Ernährung achten, vor allem dürfen Sie sie nicht nur mit ihren Lieblingshappen verwöhnen.

▸ Beim Nagematerial zeigen die Tiere, dass sie genau unterscheiden, was zwischen ihre Zähne kommen soll. Für viele sind Papprollen das Größte, andere knabbern lieber an weichem Holz oder frischen Zweigen, samt Knospen, Blättern und Blüten, deswegen sollte immer ein reichhaltiges „Angebot“ vorhanden sein.

Konfettimacher: Zwei Rennmäuse schaffen solch eine Papprröhre in zehn Minuten.

Verzweigtes Tunnelsystem

Natürlich macht es auch viel Freude, die Nager beim Anlegen ihrer unterirdischen Gänge zu beobachten. Es ist gar nicht so leicht herauszufinden, wo sich diese kreuzen und wo es überall Ausgänge gibt – zumal die „Innenarchitektur“ auch ständig verändert wird. Wo kommt die Rennmaus wieder heraus, wenn sie in einem Loch verschwindet? Wird es noch eine Verbindung zwischen zwei parallel liegenden Gängen geben? Muss zuerst ein Stück Kork oder das Tischbein beseitigt werden, damit das geplante Wegesystem wie vorgesehen umgesetzt werden kann?

Aus der Trickkiste

Natürlich wird man die Nager nicht erziehen können und Tricks lernen sie auch nicht. Trotzdem kann man sie zu gemeinsamen Unternehmungen animieren.

▸ Fangen Sie damit an, dass Sie die Tiere immer mit einem bestimmten Wort rufen, bevor sie füttern. Es wird bestimmt gar nicht lange dauern, bis die kleinen Kerlchen auf Ihren Zuruf aus ihrem Bau kommen.

▸ Mit Leckerchen können Sie die wuseligen Gesellen oft auch dazu bringen, über kleine Hindernisse wie einen Stein, eine Holzrampe oder ein Häuschen zu klettern. Andere laufen in Erwartung des begehrten Happens sogar durch einen Holzring. Sie können auch mit Ihren Fingern Hindernisse und Ringe formen und die Tiere hindurchlotsen.

SMART

Das unzertrennliche Team

- **Viele Rennmäuse,** die sich mögen, haben die Angewohnheit, viele „Alltagsdinge“ zusammen zu unternehmen.
- **Das geht soweit,** dass die Nagerpaare sogar häufig synchrone Bewegungsabläufe zeigen.
- **Oft gibt sich** aber einer von beiden als der vorwitzigere Part der Gemeinschaft zu erkennen und wagt sich zuerst aus dem Bau heraus, während das andere Tier in sicherer Distanz abwartet, bis die Luft rein ist.

Muntermacher Futterspiele

In ihrer Heimat sind die flinken Rennmäuse viele Stunden täglich mit der Nahrungssuche und dem Erkunden ihres Reviers beschäftigt. Auch bei Ihnen zu Hause wollen Sie Abwechslung haben.

Ein Zeichen für Langeweile kann das ständige Scharren in der Aquarienecke oder das dauernde Benagen der Gitter bei Käfighaltung sein. Bieten Sie Ihren Rennmäusen lieber Abwechslung durch Nagemöglichkeiten und Futtersuche. Mit der phantasievollen Einrichtung der Glasbehausung haben Sie schon viel für einen spannenden Alltag getan. Auf Steinen und Wurzeln können die Rennmäuse herumklettern und Ausschau halten, in hoher Einstreu wühlen und graben. Gestalten Sie das Nagerheim nach jeder Reinigung anders. So bleibt die Umgebung interessant und für die Tiere gibt es immer wieder Neues zu entdecken.

Im Baumhaus ist die Aussicht ungestört und die neugierige Rennmaus hat ihr kleines Reich bestens im Blick.

1 Schnitzeljagd

Futter im Napf – wie langweilig! Körner und Co. bieten sich doch gerade dazu an, auf der Streu verteilt zu werden, damit die Nager sie suchen müssen. Solch ein Weinflaschenstein, im zweiten Glasbecken stabil aufgestellt, ist ein wahres Spielparadies für Rennmäuse, wenn in den Öffnungen und unter Heu oder Papier Futter versteckt wird. Eine andere Idee: Vergraben Sie Körner in einer Schale mit Sand.

2 Biber lässt grüßen

Holz in der Rennmausunterkunft ist ein Muss! Frische Zweige (Seite 35) bieten Knabberspaß satt. Ob dick oder dünn, kein Ast kann den eifrigen Zähnchen standhalten und wird über kurz oder lang klein gemacht. Auch mit frischem Grünfutter können Sie Ihre munteren Untermieter beschäftigen. Hängen Sie Löwenzahn und Co. (Seite 36) an die Gitterabdeckung oder spießen Sie ihn auf einen Ast, den Sie in einen Ziegelstein stellen. Sind die Nager viel frisches Grün gewöhnt, können Sie Gras- und Kräutersamen in speziellem Nagertorf in einer Tonschale aussäen und in das Gehege stellen. Einmal in der Woche darf es auch eine Kolbenhirse zum Zerlegen sein.

3 Höhlenforscher

Pappröhren an sich sind schon ein großer Spaß. Wie viel aufregender muss es für Ihre kleinen Freunde sein, darin auch noch einen Leckerbissen zu finden? Verstopfen Sie die Öffnungen mit Heu, müssen die Nager die begehrten Happen erst noch „ausgraben". Sie können den Tieren das Futter auch in einem sauberen Karton verstecken. Spannender ist die Suche in einem Labyrinth, das Sie aus Karton basteln können.

Rennmäuse on tour

Viele Rennmaushalter betonen, dass der Freilauf in der Wohnung unverzichtbar für die unternehmungslustigen Nager sei. Das stimmt sicherlich, wenn sie in einem zu kleinen Becken mit wenig Beschäftigungsmöglichkeiten gehalten werden. Der Freilauf birgt Risiken.

Freilauf in der Wohnung

Die Gefahren und der Stress, denen die Rennmäuse beim Freilauf ausgesetzt sind, stehen meistens in keinem Verhältnis zu dem kurzen Vergnügen, das ihnen der Ausflug bringt. Die Rennmäuse können durch das Nagen an Kabeln einen Stromschlag bekommen, in Spalten fallen oder durch Unachtsamkeit zertreten werden. Es sind sogar schon Rennmäuse ertrunken, weil sie bei ihren Ausflügen in die Toilettenschüssel gefallen sind. Bieten Sie den Nagern

Gefahren für Rennmäuse

- Stromkabel können zu tödlichen elektrischen Schlägen führen.
- Vasen, Mülleimer, Schrankspalten usw. können zu Gefängnissen werden, aus denen die Rennmaus ohne Hilfe nicht wieder herauskommt.
- Türen und Fenster können die Rennmaus beim Zuschlagen zerquetschen.
- Giftige Zimmerpflanzen können angenagt werden (Seite 60). Durch Haushaltsreiniger und andere Gifte kann die Rennmaus schwer erkranken.
- Kakteen und andere spitze Gegenstände können beim Kontakt zu Verletzungen führen.
- Durch offene Fenster oder Türen können die Tiere ins Freie flüchten.
- Unachtsamkeit und Drauftreten oder Draufsetzen kann die Tiere verletzen.
- Andere Haustiere können die Rennmäuse „zum Fressen gern“ haben.
- An heißen Töpfen oder Kerzen können sich die Tiere verbrennen.
- Offene Schubladen laden zum Hineinklettern ein. Wird das Tier darin eingeschlossen, kann es ersticken, verhungern oder dahinter zerquetscht werden.

Beim Freilauf ist vor den kleinen Entdeckern nichts sicher. Es gibt aber auch viele Gefahren.

lieber viel Platz und Abwechslung in ihrer Behausung, dann ist Freilauf überflüssig. Nur wenn Sie einen Raum haben, der völlig frei von Gefahrenquellen ist, können Sie die Tiere ohne Bedenken laufen lassen.

Kleine Ausreißer wieder einfangen

Nicht alle Tiere gehen frei willig in ihre Gehege zurück und das Einfangen kann schwierig werden – durch eine unbedachte Bewegung ist das bisher erworbene Vertrauen futsch. Nun gilt es, die Vagabunden dingfest zu machen, ohne dass dies in einer wilden Verfolgungsjagd endet. Am besten geht das, wenn der Hunger ruft.

▸ Wenn Sie nicht wissen, in welchem Zimmer sich die Ausreißer aufhalten, können Sie abgezählte Körner und Kerne auslegen. Fehlen welche, sind sie ertappt. Stellen Sie für den Durst auch einen Napf mit Wasser parat.

▸ Mit etwas Glück krabbeln die Nager in eine Papprolle, dic Sic ihnen anbieten. Gut eignen sich größere Papprollen für den Versand, die an den Enden verschlossen werden können. Legen Sie die an einer Seite geschlossene Rolle vor das Versteck der Rennmaus und warten Sie, bis der Ausreißer in der Mitte der Röhre sitzt. Dann müssen Sie schnell sein und den Freigänger in sein Glasbecken zurückbringen. Oft klappt es auch in einer höheren Schale mit Futter.

▸ Alternativ können Sie den Boden eines 10-l-Eimers mit Stoff, Papier oder Einstreu auspolstern und Futter hineinlegen. Legen Sie ein Brett an die Eimerkante und warten Sie eine Nacht ab. Die Ausreißer laufen garantiert das Brett hinauf und fallen dann in den Eimer.

Spielparadies

Wenn die Wohnung nicht geeignet ist, können Sie auch einen Teil des Zimmers mit einem mobilen Auslaufgitter abtrennen und mit Wurzeln, Schalen mit Buddelmöglichkeiten etc. spannend einrichten. Aufpassen müssen Sie aber trotzdem.

Liebevoll umsorgt

Zimmerservice

Ihre Rennmäuse bereiten Ihnen keinen großen Aufwand. Trotzdem müssen Sie auf Hygiene im Rennmausheim achten, damit Ihre kleinen Untermieter gesund und munter bleiben. Übertriebene Sauberkeit ist aber auch nicht angebracht, denn dann können die Tiere nicht genügend Abwehrkräfte entwickeln und werden schneller krank.

Verzichten Sie bei der Reinigung des Rennmausheims auf scharfe Reinigungsmittel. Diese riechen viel zu streng für die empfindlichen Nasen der Nager. Verwenden Sie stattdessen Essigreiniger und spülen Sie hinterher mit heißem Wasser nach.

Tägliche Pflegearbeiten

Reinigen Sie Näpfe und Nippeltränke.
Entfernen Sie morgens alle Frischfutterreste vom Vortag und füttern Sie morgens und abends.
Entfernen Sie – falls vorhanden – grobe Verunreinigungen durch Kot oder Urin aus der Einstreu und dem Sandbad.
Geben Sie frisches Wasser. Kontrollieren Sie zweimal täglich, ob die Nippeltränke tropft oder ausläuft.
Tiere kontrollieren: Sind alle munter, zeigen sie Anzeichen von Krankheiten, haben sie Durchfall, fressen sie?
Gehege kontrollieren: Gibt es eine Fluchtmöglichkeit für die Ausbrecherkönige, stehen alle Einrichtungsgegenstände noch sicher und stabil?
Kontrolle der Nagemöglichkeiten: Sind noch ausreichend Papprollen, Heu und Zweige, Küchentücher oder frische Zweige zum Knabbern vorhanden?

Weitere Pflegearbeiten

Neben den täglichen Routinearbeiten (siehe Tabelle links) gibt noch weitere Pflegemaßnahmen.

- **EInmal in der Woche** sollten Sie den Chinchillasand im Sandbad erneuern und die Schale gleich mit reinigen.
- **Die komplette Reinigung** des Rennmausheims und der Einrichtung steht bei einem Becken von einem Meter Länge etwa einmal im Monat an. Je größer das Becken ist, desto weniger Arbeit macht es Ihnen.
- **Bei Bedarf** wird die Einstreu ergänzt oder teilweise erneuert und das Becken desinfiziert, z. B. bei Krankheiten nach Absprache mit dem Tierarzt.

Unterbringung im Urlaub

Rennmäuse fühlen sich in ihrem kleinen Reich am wohlsten und schätzen es nicht, mit auf Reisen zu gehen. Deswegen sollten Sie die Tiere möglichst Zuhause lassen, wenn Sie in Urlaub fahren. Wollen Sie sie doch auf eine längere Reise mitnehmen, informieren Sie sich vorher bei der Auslandsvertretung des Ziellandes, ob es Einreisebestimmungen für die Nager gibt.

- **Zwei oder drei Tage** können Rennmäuse ohne Probleme alleine zu Hause bleiben, wenn Sie für genügend Futter, Wasser und Beschäftigungsmöglichkeiten sorgen.
- **Während längerer** Abwesenheit sollte sich ein Rennmaus-Sitter um die Tiere kümmern, damit sie in Ihrer Wohnung bleiben können. Notfalls müssen Sie die Tiere samt Behausung zu ihm bringen. Da sich die Nager sehr gut alleine beschäftigen, ist damit kein großer Zeitaufwand verbunden. Vor der Abreise sollten Sie das Glasbecken gründlich reinigen, damit der Pfleger das nicht erledigen muss. Zeigen Sie dem Betreuer, wie Sie die Tiere versorgen und geben Sie ihm eine Liste mit den regelmäßigen Pflegearbeiten, der Telefonnummer des Tierarztes und Ihres Urlaubsdomizils oder Mobiltelefons an die Hand. Sorgen Sie dafür, dass genügend Futter, Einstreu, Papprollen und Zweige bereitstehen. Lassen Sie noch etwas Geld da, damit Ihre Urlaubsvertretung Frischfutter, unerwartet zusätzlich nötige Einstreu oder Cinchillasand kaufen kann und notfalls auch eine Tierarztrechnung begleichen kann.

Frisches muss am nächsten Tag entfernt werden, sonst verdirbt es.

SMART Geruchsneutral

- **Sauber gehaltene** Rennmäuse riechen nicht unangenehm und sind auch für empfindliche Nasen kein Problem.
- **Verzichten** Sie deswegen auf parfümierte Einstreu oder „Deodorants" für Nager. Sie sind überflüssig und schaden eher.
- **Auch Katzenstreu oder Nagerstreu,** die Feuchtigkeit aufsaugen soll, schadet, wenn die Rennmäuse davon fressen.

Vorsorge

Richtige Haltungsbedingungen und eine ausgewogene Ernährung sind die besten Voraussetzungen, damit Ihre Rennmäuse gesund bleiben.

Besser vorbeugen

Das Sechs-Punkte-Programm mit den Eckpfeilern Standort-Gesellschaft-Ernährung-Beschäftigung-Hygiene-Beobachten fasst kompakt die wichtigsten Haltungsvoraussetzungen zusammen und hilft Ihnen so, Krankheiten vorzubeugen.

- **Standort** Zugluft, hohe Luftfeuchtigkeit, Hitze, extreme Kälte und Rauch können Rennmäuse auf Dauer nicht vertragen. Durch die Wahl des richtigen Standorts tragen Sie viel zum Wohlbefinden der kleinen Nager bei. Achten Sie auch darauf, dass die Tiere ihre Ruhephasen einhalten können und nicht ständig im Schlaf gestört werden.
- **Gesellschaft** Eine allein gehaltene Rennmaus ist eine einsame Rennmaus. Verhaltensstörungen, stupide Wiederholungen und Apathie können die Folge sein, das ist Stress pur! Ein Tier, dass unter permanentem Stress leidet, hat eine herabgesetzte Immunabwehr und wird dadurch leichter krank.
- **Ernährung** Durch abwechslungsreiche Ernährung werden die Grundlagen für ein gesundes Rennmausleben gelegt. Sie stellt die Versorgung mit Vitaminen, Spurenelementen, Mineralien und anderen lebenswichtigen Nahrungsbestandteilen im richtigen Verhältnis sicher und sorgt dafür, dass das Tier nicht aus der Form gerät.
- **Beschäftigung** Graben, Wühlen, Nagen und Klettern – all das müssen die Rennmäuse nach Herzenslust tun können. Durch eine interessante und abwechslungsreiche Aquarieneinrichtung wird Langeweile vorgebeugt, die Muskeln werden trainiert und die kleinen grauen Zellen des aufgeweckten Tierchens haben etwas zu tun. Werden Rennmäuse zum Nichtstun verdammt, leiden sie unter Stress und werden leicht krank.
- **Hygiene** Regelmäßige Reinigung von Becken und Inneneinrichtung sorgen dafür, dass Krankheitserreger sich nicht ungehindert ausbreiten können. Nicht verzehrtes Frischfutter muss entfernt werden, damit es nicht schimmeln oder gären kann. Wasserflaschen dürfen nicht tropfen, sonst steigt die Luftfeuchtigkeit und die Atemwege der Steppenbewohner nehmen Schaden.

Gewicht im Griff

Wiegen Sie Ihre Nager regelmäßig und notieren Sie das Gewicht. Wiegen Sie sie dazu einzeln in der Transportbox und dann die Box allein. Die Differenz gibt das Gewicht der Rennmaus an.

Eine übergewichtige Rennmaus wiegt deutlich mehr als 100 g und ist leicht an der Speckrolle im Nacken zu erkennen. Dann sind Diätkost mit wenig fetthaltigen Anteilen und viel Bewegung angesagt – Hungern ist aber tabu.

Leuchtende Augen und ein glänzendes Fell sind das Markenzeichen eines gesunden Nagers.

Alles im Blick

Durch den täglichen Umgang mit Ihren Rennmäusen werden Ihnen kleine Veränderungen im Verhalten oder im Aussehen auffallen. Nehmen Sie sich die Zeit, Ihre kleinen Untermieter genau zu begutachten. Durch frühzeitiges Erkennen von Krankheiten und Verletzungen können Sie häufig Schlimmeres verhindern.

▸ **Erste Krankheitsanzeichen** Schauen Sie auch genauer hin, ob Ihnen folgende Symptome an Ihren Rennmäusen auffallen.

▸ **Ausscheidungen** Durchfall, der Kot hat eine andere Farbe oder Konsistenz als üblich, der Urin hat eine andere Farbe.

▸ **Atemwege** Schweres Atmen, Husten, Niesen, Ausfluss aus der Nase.

SMART

Zähne zeigen

- **Zähne putzen** müssen Sie Ihren Nagern nicht.
- **Die Beißerchen** müssen dunkelgelb oder orange sein. Weiße Zähne weisen auf Mangelzustände hin.
- **Zur Zahnkontrolle** halten Sie ein Leckerli über jedes Tier. Es streckt sich danach, dann können Sie sehen, ob die Zähne richtig abgenutzt sind. Fressen die Nager, ist meist alles o.k. Speicheln ist aber ein Alarmzeichen.

▸ **After** Verschmiert.

▸ **Augen** Verkniffen, verklebt, gerötet oder Ausfluss.

▸ **Bewegung** Torkeln oder Hinken, besonders langsam, Rücken gekrümmt, schiefhalten des Kopfes.

▸ **Fell und Haut** Schmutzig, verkrustet, gesträubt, kahle Stellen, schuppig.

▸ **Körper** Flanken wegen Gewichtsverlust eingefallen (Idealgewicht bei 70–110 g), Schwellungen, Knoten, Wunden, Verletzungen.

▸ **Verhalten** Apathie, Bewegungsunlust, Aggressivität, Stereotypien, keine oder langsame Reaktionen, ängstlich, ständiges Kratzen oder Jucken, Appetitlosigkeit, vermehrtes Trinken.

Infektionen und Parasiten

Durchfall

Durchfall kann durch eine Infektion, Darmparasiten, verdorbenes Futter, zu viel Frischfutter und Erkältungen verursacht werden – primäre Ursachen sind also meist falsche Haltung oder Fütterung. Wenn Sie nicht ausschließen können, dass es sich um eine ansteckende Erkrankung handelt und bei Ihnen mehrere Aquarien in einem Zimmer stehen, sollten Sie diese in verschiedenen Räumen unterbringen. Die Tiere aus einem Aquarium können Sie zusammen lassen. Handelt es sich um eine ansteckende Krankheit, müssen sowieso alle Insassen behandelt werden. Eine Trennung würde für die geselligen Rennmäuse aber eine große Belastung bedeuten, die den Krankheitsverlauf nur verschlimmert. Füttern Sie bis zur Genesung kein Frischfutter mehr und bringen Sie den oder die Patienten zum Tierarzt.

Lieblingsplatz: Hier kann sie in Ruhe ihren Leckerbissen futtern.

Erkältungen

Zugluft, schnelle Temperaturschwankungen, feuchte Einstreu oder Stress können u. a. Erkältungen verursachen. Ist der Allgemeinzustand durch falsche Lebensumstände geschwächt, haben Bakterien und Viren leichtes Spiel und eine Erkältung kann sich zur Lungenentzündung entwickeln – im schlimmsten Fall sogar für die Tiere tödlich enden. Stellen Sie Ausfluss an der Nase fest, hustet, niest oder atmet eine Rennmaus schwer, ist sie dabei vielleicht auch noch ruhiger als sonst, sollte sie schnell dem Tierarzt vorgestellt und mit ihren Mitbewohnern trocken und warm untergebracht werden.

▸ Wichtig! Auch der Mensch kann Überträger von Atemwegsinfekten sein und seine Rennmäuse damit anstecken. Halten Sie mehr Distanz ein, wenn Sie einen Schnupfen oder gar eine Mandelentzündung haben und waschen Sie sich vor dem Kontakt mit den Tieren die Hände.

Tyzzersche Krankheit

Rennmäuse sind robust und gegen Infektionskrankheiten meist gut gewappnet. Doch unter Stressbedingungen kann zum Beispiel ein Bakterium, das zur Darmflora des kleinen Nagers gehört, die Tyzzersche Krankheit auslösen. Erste Anzeichen sind Durchfall, Apathie und Nahrungsverweigerung. Diese gefährliche Krankheit kann innerhalb von 48 Stunden zum Tod führen, wenn sie nicht früh genug erkannt wird. Durch Kot kann die Krankheit auf die anderen

Gesunde Rennmäuse sind unternehmungslustig und neugierig.

Nager übertragen werden. Separieren Sie die erkrankte Rennmaus und bringen Sie alle Tiere schnell zum Tierarzt. Eventuell kann eine Antibiotikagabe helfen oder zumindest bei den anderen Tieren vorbeugen. Achten Sie besonders auf Hygiene und desinfizieren Sie Becken und Einrichtung.

Parasiten

Bei Parasiten- oder Pilzbefall müssen alle Nager, die ein Becken bewohnen, behandelt werden. Um welche Parasiten es sich handelt, kann nur der Tierarzt feststellen. Unbehandelt kann ein Befall zum Tod führen!

- **Milben- oder Haarlingsbefall** zeigt sich meist durch ständiges Kratzen, Jucken, gerötete Haut, Krusten, Borken oder ein struppiges Fell. Sie können zum Beispiel durch neue Tiere oder verunreinigtes Heu eingeschleppt werden. Stellen Sie nach einem Tag keine Besserung fest, sollten Sie die befallenen Rennmäuse dem Tierarzt vorstellen, damit die richtige Behandlung eingeleitet wird.
- **Pilze** zeigen sich meist durch kahle Stellen und weißlichen Schorf, seltener durch Hautrötungen. Zu Beginn des Befalls sind oft Stellen im Gesicht betroffen, manche Pilzarten treten lokal begrenzt an anderen Körperpartien auf. Auch dann muss der Nager zum Tierarzt. Desinfizieren Sie nach dem Kontakt immer Ihre Hände, weil Pilze auf Menschen übertragen werden können – erklären Sie das auch Ihren Kindern!
- **Würmer** erkennen Sie meist daran, dass die befallenen Rennmäuse Durchfall haben und/oder Abmagern. Oft sind die Tiere auch weniger unternehmunglustig oder sogar apathisch. Bei diesen Symptomen sollten Sie Ihre Rennmäuse zum Tierarzt bringen.

Weitere Krankheiten

Allergien

Eine rote Nase kann ein Anzeichen für eine Allergie gegen die Einstreu sein. Reinigen Sie das Aquarium und legen Sie es mit weißem Papier oder Buchenholzeinstreu aus. Bessert sich der Zustand des betroffenen Tieres nicht innerhalb von 24 Stunden, sollten Sie es dem Tierarzt vorstellen, damit er die Ursache abklärt.

Diabetes

Rennmäuse haben – wie alle anderen Nager auch – Probleme damit, Zweifachzucker (Industriezucker) abzubauen, was im schlimmsten Fall zu der gefährlichen Stoffwechselerkrankung Diabetes führen kann. Erste Anzeichen sind vermehrter Durst und im fortgeschrittenen Stadium kann das Leiden an einer Trübung der Linsen erkannt werden. Verwöhnen Sie deswegen mit Bedacht und verzichten Sie beim Füttern auf zuckerhaltige Snacks (Seite 35). Der Fruchtzucker im Obst ist zwar nicht so gefährlich wie der raffinierte Zucker, kann aber eine bestehende Diabetes und Beschwerden verschlimmern. Aus diesem Grund sollte auch Obst für Rennmäuse stets die Ausnahme bleiben (Seite 36).

Mehlwürmer sind eine gesunde Bereicherung des Speiseplans.

Epilepsie

In einigen Zuchtlinien, besonders solchen mit starker Inzucht, scheinen diese Krampfanfälle gehäuft aufzutreten, meistens während Stresssituationen. Beobachten Sie starke Zuckungen, Regungslosigkeit oder plötzliche, unkoordinierte Bewegungen, sollten Sie die Rennmaus dem Tierarzt vorstellen. Bestätigt sich die Diagnose Epilepsie, sollten Sie das Tier möglichst wenig Stress aussetzen und viel Abwechslung im Rennmausheim bieten. Ansonsten scheinen betroffene Tiere aber nicht oder nur wenig eingeschränkt zu sein.

Tumoren

Zumeist ältere Rennmäuse können unter Tumoren leiden, die sich oft an der Duftdrüse befinden (Seite 8). Häufig können die Knoten entfernt werden. Ist das aber nicht möglich und leidet das Tier sichtlich darunter und hat keine Lebensqualität mehr, sollten Sie sich mit Ihrem Tierarzt beraten und es einschläfern lassen.

Verhaltensänderungen sind immer ein ernstes Alarmzeichen.

Verletzungen

Beißereien sind die häufigste Ursache für Verletzungen, hinzu kommen Knochenbrüche durch Stürze und Quetschungen in einem falschen Laufrad. Durch unsachgemäßes Anfassen kann die Haut des Schwanzes abgerissen werden. Die Selbstheilungskräfte der kleinen Nager sind enorm und selten werden Sie die Hilfe eines Tierarztes in Anspruch nehmen müssen. Fühlen Sie sich aber mit der Versorgung der Wunde überfordert, müssen Sie sich an den Veterinär wenden. Bei schweren Wunden oder nach Stürzen sollten Sie das Tier ganz behutsam zum Tierarzt bringen. Achten Sie darauf, dass es dabei möglichst wenig oder nicht bewegt wird und polstern Sie den Transportkäfig gut aus. Nach einem tiefen Sturz kann eine Rennmaus auch unter einer Gehirnerschütterung leiden. Ist das Tier nach einem Fall benommen, sollten Sie es in eine dunkle Schachtel legen und sofort den Tierarzt anrufen.

Verhaltensstörungen

Sie haben als Ursache meist falsche Haltungsbedingungen, bedeuten dauerhaften Stress für die Rennmäuse und sind dadurch auch für die Entstehung von Erkrankungen verantwortlich, weil die Immunabwehr der Tiere geschwächt ist. Häufigste Verhaltensstörungen sind ständiges Gitternagen, andere stereotype (immer wiederkehrende) Bewegungen sowie gesteigerte Aggressivität. Die Gründe können in einem zu kleinen oder langweiligen Gehege, einer zu großen Gruppe oder falscher Gruppenzusammenstellung und mangelndem Angebot an Nage- und Buddelmöglichkeiten liegen: Ändern Sie das dann!

Was Sie tun können

Die Behandlung einer kranken Rennmaus sollten Sie dem Tierarzt überlassen. Ein so kleines Tier mit so einem schnellen Stoffwechsel wird durch eine Erkrankung sehr schnell geschwächt. Da gilt es, keine Zeit zu verlieren und nicht erst selbst an dem Patienten herumzudoktern.

Der Besuch beim Tierarzt

Kümmern Sie sich frühzeitig – also, wenn Ihre Renner gesund sind – um einen Tierarzt in Ihrer Nähe, der viel Erfahrung mit Nagern hat.

▸ **Rufen Sie** vorher an und vereinbaren Sie einen Termin, dann müssen Sie und das ohnehin schon geplagte Tier nicht lange warten. Fragen Sie bei dieser Gelegenheit auch nach, ob Sie zum Beispiel eine Kotprobe der Rennmaus mitbringen sollen und ob Sie noch sonst etwas bedenken müssen.

▸ **Bereiten Sie** sich gut auf den Besuch beim Tierarzt vor und versuchen Sie, ihm die Krankheitssymptome möglichst genau zu schildern. Geben Sie dem Tierarzt wichtige Infos, z. B. über Alter, Haltungsbedingungen, Gruppengröße, eventuell gegebene Medikamente und Vorerkrankungen.

▸ **Bringen Sie** das Tier in einer Transportbox zum Tierarzt und schützen Sie es vor Witterungseinflüssen.

Ein guter Tierarzt

- Der Tierarzt nimmt sich auch für einen so kleinen Patienten wie eine Rennmaus viel Zeit.
- Er untersucht das Tier gründlich und stellt erst die Diagnose, wenn er weiß, wie das Tier gehalten wird.
- Der Tierarzt erklärt Ihnen ausführlich, wie er sich die Behandlung vorstellt, was Sie alles tun müssen und erläutert Ihre Fragen geduldig und verständlich.

Erste Hilfe

Halten Sie sich bei der Behandlung immer an die Anweisungen des Tierarztes.

▸ **Medikamente** müssen wie vereinbart gegeben werden. Wichtig ist auch, sie nicht früher abzusetzen als angeordnet. Klein geriebene Tabletten oder Tropfen können Sie mit etwas ungezuckerten Früchtemus, Jogurt oder Quark anbieten – außer Antibiotika, die dürfen nicht mit Milchprodukten verabreicht werden. Verweigert das Tier die Aufnahme, müssen Sie die Medikamente mit Flüssigkeit vermischt mit einer kleinen Plastikspritze ohne Nadel in das Mäulchen spritzen. Oft reicht es aber auch, einen Klecks auf die Nase zu geben, der dann abgeleckt wird.

▸ **Wärmebehandlung** mit einer handelsüblichen Rotlichtlampe kann bei einer Infektion helfen. Bestrahlen Sie nur ein Viertel des Beckens. Der Abstand der Lampe muss so groß sein, dass die Temperatur für Ihre Hand direkt über der Streu angenehm ist. Fragen Sie vorher den Tierarzt.

Medikamente können unter einen Leckerbissen gemischt werden.

Wenn Rennmäuse alt werden

Etwa drei Jahre ist die durchschnittliche Lebenserwartung der kleinen Renner. „Viel zu kurz", werden Sie bestimmt sagen, wenn Sie Ihre Tiere anschauen, die Sie so lieb gewonnen haben. Doch Zeit ist relativ und was Ihnen kurz vorkommt, ist für eine Rennmaus normal – in freier Natur leben die Nager nur ein durchschnittliches Alter von einem Jahr. Eine Rennmaus erlebt nicht zwangsläufig weniger, nur weil sie auf weniger Jahre „zurückblicken" kann – was Tiere sowieso nicht tun. Sie hat indessen viel intensiver gelebt und dank Ihrer Hilfe hoffentlich alles das erleben können, was für eine Rennmaus wichtig ist.

▸ **Struppiges Fell** ist oft das erste Altersanzeichen. Viele Rennmäuse schlafen auch mehr und bewegen sich weniger als früher.

▸ **Bereiten Sie** alten Tieren einen ruhigen Lebensabend, hängen Sie die Leckerchen nicht mehr so hoch und bedenken Sie, dass eine betagte Rennmaus langsamer wird und nicht mehr so flink ist wie in ihren besten Zeiten. Der reduzierten Bewegung sollten Sie auch mit der Fütterung entsprechen, sonst setzt der kleine Nager schnell Fett an, was ihm das Leben nicht leichter macht. Einige Nagersenioren magern aber auch ab, dann darf es ruhig öfter ein Sonnenblumenkern extra sein.

▸ **Nehmen Sie** Krankheitsanzeichen (Seite 49) auch bei einer alten Rennmaus ernst und erwarten Sie dies auch von Ihrem Tierarzt. Mit der richtigen Behandlung kann das Tier noch viele Monate leben. Erlösen Sie das Tier aber, wenn es leidet und keine Heilung möglich ist.

Wenn sich Nachwuchs einstellt

Viele Rennmaushalter sind schon Züchter wider Willen geworden, weil sie ein trächtiges Tier gekauft haben oder die gleichgeschlechtlichen Rennmäuse sich später als ein Pärchen herausgestellt haben. Solch unerwarteter Kindersegen stellt den Halter natürlich vor ungeahnte Probleme und Herausforderungen.

Rennmausbabys sind zwar süß und putzig und es macht besonderen Spaß, sie zu beobachten. Aufwachsen und Entwicklung der Jungtiere zu verfolgen, ist besonders für Kinder ein beeindruckendes Erlebnis. Doch bedenken Sie bitte, dass das Vergnügen nur von kurzer Dauer ist und die Kleinen schnell zu stattlichen Tieren heranwachsen. Die Mutter kann noch am selben Tag, an dem sie ihre Jungen geboren hat, wieder gedeckt werden. Es heißt zwar immer, dass sich die Gruppengröße meist von selbst unter Berücksichtigung des zur Verfügung stehenden Platzes reguliert, doch verlassen dürfen Sie sich darauf nicht. Durch Domestikation verlieren sich viele natürliche Instinkte und es kann passieren, dass das Muttertier ständig schwanger ist und das Becken vor Rennmäusen überquillt. Wollen Sie nicht, dass Ihre Wohnung bald mit lauter Aquarien zugestellt ist, sollten Sie rechtzeitig mit der Familienplanung beginnen. Das bedeutet, dass Sie die Tiere rechtzeitig nach Geschlechtern trennen.

Das Männchen wirbt vor der Paarung zärtlich um seine Angebetete.

Rennmäuse züchten

Möchten Sie hingegen Rennmäuse nach Farbschlägen züchten, sollten Sie sich noch einmal mit den Grundlagen der Vererbungslehre beschäftigen und bei anderen Züchtern informieren.

Züchten Sie nur mit gesunden Tieren! Bedenken Sie aber, dass Sie für den Nachwuchs verantwortlich sind und für alle Tiere gute Plätze finden müssen, was keineswegs immer einfach ist.

Paarung und Geburt

Rennmäuse leben in der Regel monogam. Innerhalb einer Sippe sorgt meist nur das im Rang höchste Weibchen für Nachwuchs. Wird doch eine Tochter zusätzlich brünstig, kann es zu ernsthaftem Streit unter den Weibchen kommen. Stirbt die Chefin, tritt die nächste Tochter an deren Stelle. Dadurch wird der Fortbestand der Gruppe gesichert.

Warten Sie mindestens zehn Tage, bevor Sie die Babys anfassen.

SMART **Behutsam prüfen**

- **Reinigen Sie** das Becken vor der Geburt gründlich, um spätere Störungen zu vermeiden.
- **Prüfen Sie** drei Tage nach der Geburt kurz und vorsichtig, ob alle Jungen leben, berühren oder zerstören Sie aber nicht das Nest! Störungen und Eiweißmangel können zu Kannibalismus führen.

▸ **Die Paarung** erkennen Sie daran, dass das Männchen die Angebetete am Hinterteil beschnuppert um zu prüfen, ob der richtige Zeitpunkt gekommen ist. Es trommelt mit den Hinterläufen und jagt die Braut durch das Aquarium. Das Weibchen bleibt häufiger stehen und wird dann vom Partner begattet. Anschließend lecken beide Partner ihre Genitalregionen sauber.

▸ **Nach 24 bis 26 Tagen** kommen meist vier bis sechs Junge zur Welt, es können auch zwölf sein. Die Geburt kann nur 20 Minuten dauern und Sie werden das freudige Ereignis meist am Piepsen aus dem Nest erahnen. Nun wird immer ein Elternteil bei den Jungen sein. Während Trächtigkeit und Säugezeit braucht die Mutter viel Eiweiß, geben Sie zusätzlich täglich einen Mehlwurm.

Kleine Rennmäuse werden groß

Was bei uns Menschen Monate und Jahre dauert, passiert in der Entwicklung der Rennmäuse innerhalb von wenigen Tagen und Wochen. Wir können im Zeitraffer erleben, wie aus hilflosen Winzlingen große Persönlichkeiten werden.

Die jungen Rennmäuse sind typische Nesthocker und ganz auf die Betreuung der Mutter angewiesen. Nach der Geburt werden sie von ihr beleckt, um die Fruchtblase zu entfernen und die Atmung anzuregen. Bei der Geburt wiegen sie gerade einmal 3 g. Blind, taub und nackt brauchen die Knirpse auch die Hilfe der Mutter, damit sie Kot und Urin absetzen können. Dazu leckt sie deren Bauch, was die Verdauung stimuliert – ohne diese Unterstützung würden sie sterben. Die Ausscheidungen werden von der Mutter gefressen, so bleibt das Nest sauber. Instinktiv finden die Rennmauswelpen die Zitzen der Mutter, um die nahrhafte Milch zu trinken. Entfernt sich eines der Kleinen zu weit vom Nest weg, wird es von Mama vorsichtig mit den Zähnen zurücktransportiert. Stören Sie die junge Familie nicht.

1 ◂ Nach 4 bis 5 Tagen sind die ersten Haarspitzen zu sehen. Noch mit geschlossenen Augen unternehmen die Kleinen ab der zweiten Woche schon kurze Ausflüge aus dem Bau, halten sich aber die meiste Zeit im Nest auf. Ab der dritten Woche werden die Jungen nicht mehr nur gesäugt und probieren nun selbst, ihren Speiseplan zu erweitern. Spätestens jetzt muss Grünfutter beigegeben werden, damit die Jungen gesund aufwachsen! Sie werden schnell selbstständig, da die Mutter kurz nach der Geburt ihrer Babys wieder begattet werden kann.

2

◂ **Säugt** die Mutter noch einen Wurf, verlängert sich die Tragzeit des nächsten Wurfes bis zu 45 Tagen. Die Kleinen müssen lernen, alleine zurechtzukommen. Nach 18 Tagen öffnen sich die Augen und damit beginnt ein großer Schritt in Richtung Selbstständigkeit. Sie sind nun öfter unterwegs, putzen sich, halten sich selbst sauber, spielen auch mit ihren Geschwistern und lernen dabei wichtige Regeln des Zusammenlebens in der Gruppe.

▸ **Ab der 4. Woche** kann das Geschlecht der jungen Rennmäuse bestimmt werden, die Hoden der „Jungs" sind etwa ab dem 35. Tag (+/- 5 Tage) zu erkennen. Vor der sechsten Woche sollten die Welpen nicht von der Mutter getrennt werden. Denn während der Zeit, in der sie auf feste Nahrung umsteigen, sind ihre Abwehrkräfte noch nicht komplett und sie können leicht krank werden. Dieser Kindergarten ist die schönste Zeit, um kleine Rennmäuse zu beobachten.

3

4

◂ **Mit 6 Wochen** sollten Sie die Kleinen nach Geschlechtern getrennt halten, um weiteren Nachwuchs zu verhindern. Zwar sind Rennmäuse erst ab der achten Woche geschlechtsreif, doch es gibt immer wieder Ausnahmen, die Ihre ganze Planung über den Haufen werfen können. Die größte Zunahme an Körpergröße und -masse findet in den ersten acht Lebenswochen statt. Ausgewachsen sind Rennmäuse erst mit einem Jahr. Wie schnell die Jungen wachsen, hängt von den Lebensumständen und Wurfgröße ab. Meist entwickeln sich Jungtiere aus kleinen Würfen schneller.

Infoecke

Internet

- **www.nager-info.de**
Nagerinfo Osnabrück

- **www.rennmauswalldorf.de**
Viele Infos rund um die Rennmaus

- **www.nagetiere-online.de**
Nagetiere im Netz

- **www.tierschutzvereine.de**
Verzeichnis von Tierschutzvereinen und Tierheimen

- **www.exotische-nager.de**
Viele Infos zu Nagetieren

- **www.tieraerzteverband.de**
Bundesverband praktizierender Tierärzte mit Infos zum Thema Tierärztliche Gebühren

- **www.vetpharm.unizh.ch/perldocs/toxsyqry.htm**
Informationen rund um Vergiftungen beim Tier der Universität Zürich

- **www.meb.uni-bonn.de/giftzentrale/pflanidx.html**
Ausführliche Liste giftiger Pflanzen der Universität Bonn

Making Of

Die Autorin Heike Schmidt-Röger ist freie Journalistin und Autorin mit dem Spezialgebiet Heimtiere. In ihre Arbeiten fließt eine Fülle eigener Beobachtungen und Erfahrungen ein. Sie ist Verfasserin mehrerer Bücher und Artikel für Tageszeitungen, Zeitschriften und Magazine.

Die Fotografin Regina Kuhn ist freischaffende Fotodesignerin und Autorin mit jahrelanger Erfahrung in der Fotografie von Tieren.

Der Verlag, die Fotografin und die Autorin danken für die freundliche Unterstützung der Fotoaufnahmen Tamara Oberhoffner, Endersbach; Ronja Henneke mit 'Dschingis' und 'Khan', Göppingen; Sally Matern, Hochdorf; Zoofachhandlung Utke, Oberesslingen; Zoofachhandlung Kölle, Stuttgart.

Herstellernachweis
Trixie Heimtierbedarf, Tarp
Rodipet-Kleinsäugerzubehör, Düsseldorf

Die Autorin dankt der Tierärztin Steffi Hallack aus Weilburg, der Rennmauszüchterin Tina Hermann aus Wetzlar, Eva Maisel aus Bayreuth und Christine Wilde aus Osnabrück sowie Ines, Markus, ihrem Mann für die Geduld und Toleranz bei der Haltung der Tiere und besonders ihrer Mutter.

Bildquellen

Regina Kuhn
alle anderen Fotos und Titelbild

Heike Schmidt-Röger
Seite 64

Adressen

- **Bundesarbeitsgruppe Kleinsäuger e.V. im Schulzoo Leipzig e.V.,** Binzer Straße 14, 04207 Leipzig, www.bag-kleinsauger.de
- **Zentralverband Deutscher Meerschweinchen und Nagervereine,** Herrn Martin Mantel, Dr.-Ambundi-Str. 27, 97437 Haßfurt, Tel./Fax: 0 95 21/14 30
- **Rassezuchtverband Österreichischer Kleintierzüchter,** Geschäftsstelle: Dr.-Katl-Lueger Ring 14/II, A-1010 Wien, www.kleintierzucht-roek.at
- **Deutscher Tierschutzbund,** Baumschulallee 15 53115 Bonn Tel. 0228/604960 www.tierschutzbund.de
- **Zentralverband Zoologischer Fachbetriebe** Deutschland e.V. (ZZF) 63225 Langen www.zzf.de
- **Tierärztliche Vereinigung für Tierschutz e. V. (TVT),** Geschäftsstelle: Bramscher Allee 5, 49565 Bramsche, www.tierschutz-tvt.de/

Impressum

Bibliografische Information der Deutschen Bibliothek
Die Deutsche Bibliothek verzeichnet diese Publikation in der Deutschen Nationalbibliografie; detaillierte bibliografische Daten sind im Internet über http://dnb.ddb.de abrufbar.

Wollgrasweg 41,
70599 Stuttgart
Internet: www.ulmer.de

Lektorat: Dr. E.-M. Götz
Redaktionelle Bearbeitung: textory mediaService
Umschlag- und Innengestaltung: X-Design, München
DTP: juhu media, Susanne Dölz, Bad Vilbel
Druck und Bindung: Litotipografia-editrice Alcione, Trento
Printed in Italy
ISBN 3-8001-4488-3

Literatur

- **Briemle, G.: Farbatlas Kräuter und Gräser in Feld und Wald.** Verlag Eugen Ulmer, Stuttgart 1997.
- **Ein Herz für Tiere,** Gong Verlag, München.
- **Gabrisch, K.: Krankheiten der Heimtiere.** Schlütersche Verlagsanstalt, Hannover 1995.
- **RODENTIA. Kleinsäuger-Fachmagazin,** Natur- und Tier-Verlag Münster, **www.ms-verlag.de**
- **Schmidt, G.: Hamster, Meerschweinchen, Mäuse und andere Nagetiere.** Verlag Eugen Ulmer, Stuttgart 1985.

Haftung

Register

Optimale Pflege und Fütterung.

Meerschweinchen.
Dietrich Altmann. 2004. 95 Seiten, 68 Farbfotos, 30 Zeichnungen, gebunden.
ISBN 3-8001-4396-8.

Hamster.
Heike Schmidt-Röger. 2004. 93 Seiten, 65 Farbfotos, 12 Zeichnungen, gebunden. ISBN 3-8001-4615-0.

Ganz nah dran. Ulmer

Kluge Tipps für SMART-KIDS

Extra-Renner

Rennmäuse sind tolle Tiere und wenn du sie beobachtest, ist das oft viel spannender als der beste Kinofilm – im wahrsten Sinnes des Wortes.

Das größte Talent deiner Renner ist es, unterirdische Gänge zu bauen. Wenn du einen Monat lang jeden Tag das Rennmausheim mit dem selben Ausschnitt fotografierst und die Bilder zu einem Buch bindest, hast du ein „Daumenkino". Für eine Vorführung hältst du mit einer Hand die gebundene Seite des Buches fest, mit dem Daumen der anderen Hand lässt du die Seiten schnell durch deine Finger „flutschen" und kannst dann im Zeitraffer sehen, wie die Gänge gebaut werden.